日元贬值的背后

虚假的贸易顺差国

弱い円の正体
仮面の黒字国日本

[日] 唐镰大辅 —— 著 宋刚 张雨欣 —— 译

机械工业出版社
CHINA MACHINE PRESS

Copyright © 2024 by Daisuke Karakama. All rights reserved.

Originally published in Japan by Nikkei Business Publications, Inc.

Simplified Chinese translation rights arranged with Nikkei Business Publications, Inc. through Hanhe International (HK) Co., Ltd..

Simplified Chinese Translation published by China Machine Press.

This edition is authorized for sale in the Chinese mainland (excluding Hong Kong SAR, Macao SAR and Taiwan).

No part of this book may be reproduced or transmitted in any form or by any means, electronic or mechanical, including photocopying, recording or any information storage and retrieval system, without permission, in writing, from the publisher.

All rights reserved.

本书中文简体字版由 Nikkei Business Publications, Inc. 通过 Hanhe International (HK) Co., Ltd. 授权机械工业出版社在中国大陆地区（不包括香港、澳门特别行政区及台湾地区）独家出版发行。未经出版者书面许可，不得以任何方式抄袭、复制或节录本书中的任何部分。

北京市版权局著作权合同登记　图字 01-2024-5797 号。

图书在版编目（CIP）数据

日元贬值的背后：虚假的贸易顺差国 /（日）唐镰大辅著；宋刚，张雨欣译 . -- 北京：机械工业出版社，2025.6. -- ISBN 978-7-111-77996-4

I. F823.132

中国国家版本馆 CIP 数据核字第 2025UG8085 号

机械工业出版社（北京市百万庄大街 22 号　邮政编码 100037）
策划编辑：顾　煦　　　　　　　　责任编辑：顾　煦　刘新艳
责任校对：李荣青　杨　霞　景　飞　责任印制：单爱军
保定市中画美凯印刷有限公司印刷
2025 年 6 月第 1 版第 1 次印刷
147mm×210mm · 8.5 印张 · 1 插页 · 159 千字
标准书号：ISBN 978-7-111-77996-4
定价：69.00 元

电话服务　　　　　　　　　　　网络服务
客服电话：010-88361066　　　　机　工　官　网：www.cmpbook.com
　　　　　010-88379833　　　　机　工　官　博：weibo.com/cmp1952
　　　　　010-68326294　　　　金　　书　　网：www.golden-book.com
封底无防伪标均为盗版　　　　　机工教育服务网：www.cmpedu.com

前　言

"不易过时的讨论内容"所收获的反响

2022年9月，我撰写的《汇率下跌之后：日元贬值的宏观经济启示》由日本经济新闻出版社发行，一经发行就得到了众多读者的阅览，反响之热烈在我的职业生涯中前所未有。我不仅从企业界人士和对理财感兴趣的普通民众那里收获了反馈，也从许多公务员和政治家那里收到了很多意见。平时很少接触到的企业经理或者内阁成员也开始邀请我去做演讲，讲解与书相关的内容，这让我再次深切感受到对汇率感兴趣的读者群体如此广泛。而且，有关经济、金融图书的反响越大，评价就越会褒贬不一，但上一本书出版后，我确实感觉得到了很多赞同。例如，在亚马逊上收到了100多条评论，但几乎没有批评性的意见。承蒙厚爱，不胜感激。在上一本书的前言中，我曾讲到想将所讨论内容的时间范围拉长，也就是我会致力于写出"不易过时的讨论内容"。我强烈地感觉到大家对这一点给予了一致的好评。在这个时代，视频和社交网络（SNS）盛行，所以很容易流行这样一种风气：仅仅是将经济统计数据和新闻简单整理了一下，然后就用"一看就懂！"这样的标题来吸引流量，从而传播信息。但仍有相当一部分人对结构性的讨论和分析感兴趣，这让我很受鼓舞。本书也和上一本书一样，都打算将"不易过时的讨论内容"贯彻到底，所以在这一点上请大家放心。

不再"非主流"的结构性日元贬值论

笔者在 2022 年 3 月的时候曾使用"结构性日元贬值"这样的表达，当时有不少资深的同行和学者反驳说"是不是说得太过分了"，当然也有不少声音说上一本书"过于悲观"。但是，笔者有幸在交易室拥有席位，且每天都能与企业法人和投资者交流意见，从笔者的经验来看，2012 年之后，东京外汇市场确实已经从"很多人想买入日元的市场"变成了"很多人想卖出日元的市场"。这一点也与贸易收支从盈余转为赤字的情况相符。

然而，日本经济的历史是"日元升值的历史"，经常收支大幅盈余，对外净资产余额居世界首位，我猜想可能会有很多经验丰富的分析师无法忘记这样的过去，认为"总有一天日元还是会升值的"。这种心情也不是不能理解，不过，笔者认为出现转折点的可能性还是值得怀疑的。

上一本书主要围绕国际收支统计，对日元乃至日本经济正面临的结构性变化进行分析。在书中，我指出了日本比以往任何时候都更难获得外汇的事实。这样的主旨触动了很多人，也恰好说明了还是有很多人在为日元的未来感到担忧。在上一本书出版约一年半后，也就是2024年3月26日，日本财务省在神田真人财务官的领导下宣布成立"国际收支相关座谈会"，而我也有幸被任命为该会的委员，还斗胆担任了首次会议的主要发言人。如果说在上一本书出版之后所发表的内容能够在这样的行政流程中起到一些帮助的话，我将备感荣幸，这也是我一直深切期盼的。无论如何，与2022年不同的是，面对长期的日元贬值行情，质疑其结构性特征的论调已经不再是非主流论点了。同上一本书一样，"日本如今获取外汇比以前更困难"这一点在本书中也是讨论的要点。

"新时代赤字"

基于此，有些读者渴望立刻知道明确的方向，也有些读者希望以长远的眼光来了解日本经济以及日元正在发生的变化，本书旨在满足后一类读者的期待。自上一本书出版之后，笔者从供需方面对日元汇率的动向进行了调查和分析。我想在此介绍从这些调查和分析中所得出的见解。从这个意义上来说，大家可以把本书理解为上一本书的续篇。当然，即使是没有读过上一本书的读者也能毫无障碍地理解本书的内容，所以请大家放心。

和上一本书一样，本书也是以国际收支为分析的核心。例如，第 1 章讨论的是服务收支结构正在发生的巨大变化。实际上，本书的写作有着这样的由来：2023 年春天之后，笔者针对服务收支结构变化撰写了相关专栏并进行了反复讨论，日本经济新闻出版社认为其中的内容很有意思，联系我说希望能够深入探讨。在外汇领域，之前不太受关注的项目的外汇支付正在增加，以 GAFAM〔谷歌、亚马逊、Facebook（现 Meta）、苹果、微软〕为代表的美国大型 IT 企业提供的平台服务、在日本开展业务的外资咨询企业以及在海外设有据点的国内外企业的研发基地等，这些支付在统计上被计为服务收支赤字（严格来说是其他服务收支赤字）。笔者将其称为"新时代赤字"，认为它是导致日元持续贬值的原因之一并予以关注。虽然在正文中会详细介绍，但现在经常使用的"数字赤字"这个表达是在 2023 年春天开始讨论"新时代赤字"的过程中衍生出来的，并且引起了人们的关注。

从历史角度来看，说到与日元汇率相关的供需统计，贸易收支无论如何都是最重要的。当然，现在它仍然很重要。

2022年，约20万亿日元的史上最大贸易收支赤字很可能是日元对美元汇率暴跌超过30%的要因。但是，与容易受资源价格和汇率动向影响的贸易收支不同，"新时代赤字"只让人预见它在未来会持续增加，这是其可怕的地方。这是上一本书没有涵盖的论点。

揭开"虚假的贸易顺差国"的真面目

"日本是经常收支顺差国，日元贬值终会结束"的论调现在仍然有相当的市场。自2022年3月日元大幅贬值以来，笔者一直坚持认为应该关注日本固有的结构性因素。然而，也一直有反对观点认为日本是经常收支顺差国，所以没必要杞人忧天。确实，即使在日本经常收支大幅恶化的2022年也仍有11.4486万亿日元的巨额顺差，2023年更是实现了21.381万亿日元的巨额顺差。但是，日元对美元汇率在2022年最大跌幅约为35%（从约113日元跌至约152日元），2023年最大跌幅约为20%（从约127日元跌至约152日元）。现实就是，尽管经常收支是顺差，但日元汇率仍在急剧下跌。如果正视这样的事实，且以真诚的态度来分析的话，就应该注意到"统计（经常收支）顺差"之下实际上有可能并没有相应的日元买入或外汇卖出等外汇交易，简单来说就是统计数据与现金流（CF）存在脱钩。关于这一点，第2章会详细讨论基于CF视角的经常收支实际情况。

虽然只是试算，但从 CF 的角度来看，笔者怀疑 2022 年和 2023 年的经常收支可能是赤字。日本的经常收支顺差如今是靠过去投资的"回报"，即初次收支顺差支撑的，然而这一顺差的核心部分真的回流到日本了吗（与日元买入相关吗）？如果没有回流，是否存在让其回流的方法？本书的焦点在于日元汇率，不过其中也包含了对思考日本经济现状和前景而言非常重要的相关内容。这也是上一本书没有涵盖的论点。

从表面上看，经常收支顺差国和对外净资产国的地位就像一个保证日元强势的"面具"，但"真面目"可能是 CF 外流或虽然有顺差但外汇却没有回流等。从这点来说，日本处于一种"虚假的贸易顺差国"或"虚假的债权国"的状态，因此笔者认为有必要努力去揭示仅从统计数字上看不到的"真面目"。

时代需要不同的视角

2022 年末至 2023 年初，有很多专家都预测，相较于 2022 年，2023 年将是回调之年，日元将会升值。而笔者在 2022 年 9 月刚写完一本讨论日元贬值的结构性特征的书，认为日元贬值不会轻易结束，并且认为 2023 年日元也会继续贬值。当时，这个观点十分小众，从 2022 年末至 2023 年初各种媒体上刊登的各金融机构的展望中就可以看出。

现实也是2023年日元继续贬值，同年10月，日元对美元汇率和2022年一样，一度跌破了150日元。这里笔者也并不是想宣扬自己的预测有多么正确，因为汇率预测本身就有时准确，有时不准确。值得注意的不是预测结果的对错，而是为什么众多专家的预测会单向集中在同一个方向上。这可能是因为他们看到了同一件事。仅就2023年而言，大多数专家的预测甚至连起伏都相似，都认为年初日元会贬值，但3～5月将会升值。这可以看作美联储货币政策操作的结果，换句话说，他们是基于"根据美国利率的起伏来决定日元汇率的起伏"这一经验法则来预测的。实际上，2023年3～5月，市场上对美联储加息停止的预期越来越强烈，所以从这一点来看，这样的解读本身大致是恰当的。从历史上看，日美利差和美元对日元汇率的关系一直较为稳定，这是事实。因此可以说，美联储在（2023年）春季之后停止加息会导致日元升值，美元贬值的预测是比较主流的。

但是，美国利率下降就会导致美元贬值，从而使日元大幅升值是贸易收支顺差时代的想法。今后，美国利率的起伏对日元汇率来说肯定仍然重要，但不能说因为美国利率下降，所以本书所关注的"新时代赤字"和基于CF的经常收支赤字就会消失。简单来说，笔者认为考虑到供需结构变化的背景，利差对日元汇率的解释能力相比过去可能减弱了。从这个角度来说，我们已经进入了一个需要不依赖利差、不同于以往历史的时代。

发达国家担心货币升值，发展中国家担心货币贬值

需要强调的是，笔者并不认为利差毫无意义。由于"新时代赤字"和基于 CF 的经常收支赤字等讨论引起了广泛关注，所以容易有这样的误解，但笔者只是希望更多的人知道利差对日元汇率的解释能力可能相比过去减弱了。利差无疑仍然是一个重要的影响因素。此外，笔者也没有说过"日元不会再升值"。或许是受上一本书的影响，笔者有时会被误解，一些人认为笔者持"日元只会贬值"的观点，这一点让笔者感到困惑。特别是自媒体发表的文章，其中有些标题言辞激烈，认为笔者"又在煽动日元贬值"。但是，既然是浮动汇率制，货币价格的走势就不可能是直线。笔者在向客户解释时，也会对汇率趋势的变化进行认真的讨论。关于这一点，笔者也在反思自己在信息发布管理方面存在的不足之处。

然而，今后即使出现日元升值的"方向感"，"升值到什么程度"的"水平感"也需要作为一个问题来考虑。至少，我们可以承认日本经济已经不再像过去一样是"害怕升值的经济"了。2012 年左右，日元升值被称为日本经济的痼疾，而在此后 10 多年里，日本社会和经济结构发生了很大的变化。其背后的原因是什么？笔者认为，其背后的原因至少不是只关注每天都被消费的头条新闻就能看到的，比如"美国的雇佣统计数据超过（或者低于）市场预期"或者"美联储

还有×次加息"之类的新闻。如前所述，本书以包含居民和非居民对外经济贸易的国际收支统计为核心，揭示了日元汇率的实际情况。笔者认为，这样或许能揭示出一些近年来日本所经历的供需结构的变化。真实的世界很难用"一目了然"的方式解释清楚，但笔者还是尽量尝试用通俗易懂的方式进行解释。

作为前言的结尾，笔者想说和上一本书同样的话。对于资源净进口国日本来说，"货币的价值"与国民生活息息相关，整个国家都在2022年深切感受到了这一点，2023年之后物价频频上涨就是其结果的体现。笔者认为，日元贬值被宣扬为万能药的时代已经终结，并且以2022年为界限，日本社会对于汇率的认识也发生了明显的变化。否则，"讨厌的日元贬值"这个词就不会成为年度流行语的候选词了（2022年就有这样的说法）。而贯穿历史的事实是，货币升值是发达国家的烦恼，货币贬值是发展中国家才有的烦恼。2022年以后，日本显然更多地在为"日元贬值"而不是"日元升值"而烦恼。并不是说以此就认为日本变成了发展中国家，不过，感觉到根基开始动摇的，应该不止笔者一个人吧。最后，希望继上一本书之后，这本书能成为读者思考日元乃至日本经济现状和未来的契机。

目录

前言

第1章 "新时代赤字"的本质 1

推动汇率变化的"利率"以及"供需" 2
"成熟债权国"的表现 3
质疑"国际收支发展阶段论" 6
作为"新时代赤字"的服务收支赤字 8
旅游收支顺差被"新时代赤字"抵消 11
数字赤字在十年内翻倍,二十五年内扩大了
五倍 12
外资咨询热潮是否也助长了"新时代赤字" 14
象征"人才流失"的研发服务收支赤字 16
"压箱底"的知识产权等使用费也受到了
数字化的影响 17

"新时代赤字"超越了原油进口 　21
如果预测准确,"新时代赤字"将达到约12万亿日元 　23
原油与计算机服务的同质性 　24
具有时代性的服务收支重组 　26
根据日银分类,数字赤字究竟有多大规模 　30
日本在向哪些国家或地区支付费用 　32
"国内的体力劳动"与"海外的脑力劳动" 　33
"新时代赤字"是一个"卖方市场" 　34
佃农难以战胜地主 　37
再保险导致金融相关收支赤字增加 　38
推动日元抛售的服务贸易国际化 　41
研发部门未能留在日本 　42
被称为"思维冻结"的日本 　45
"思维冻结"导致服务收支赤字扩大 　48
促进无形资产投资的创新盒税制 　48
全球范围内推进的创新税制 　50
外汇供需的影响 　51
从韩国和瑞士的例子中所体会到的 　53
　专栏① 透过服务收支看制造业行动变化 　55
　专栏② 日本有多依赖旅游收支 　60
　专栏③ 数字赤字仅限于日本吗 　68

第2章　虚假的贸易顺差国的实情　81

日本仍然是经常收支顺差大国 　82

经常收支不是"符号",而是"现金流"	83
未结束的日元贬值	84
"经常收支顺差≈投资收益"	86
无法回流的投资收益	87
现金流基础的经常收支 2022 年的估算值	89
现金流基础的经常收支的概念	92
贸易收支赤字是主要原因	94
日元汇率分析视角需要更新	96
投机与实际需求的矩阵	97
日元升值的本质是降息和贸易收支顺差的双重作用	100
2007 年至 2012 年间存在的日元双向买入压力	101
2022 年至 2023 年间存在的日元双向卖出压力	102
情况④中的日元升值幅度是国民关注的焦点	103
日元已经越过了结构性转折点	104
祸不单行的 2022 年和 2023 年	106
在"慢全球化"中生存的日本	108
超越二元对立的视角	109
关于"国际收支发展阶段论"的两个问题	111
日本是"虚假的贸易顺差国"或"虚假的债权国"	113
专栏④ 成为"普通货币"的日元:地震与日元汇率	116

第3章　资产运用立国的难言之隐　　125

"家庭部门抛售日元"成为重要话题　　126
家庭金融资产"开放"带来的两个顾虑　　127
关于汇率的顾虑逐渐显现　　128
仍然是"半个世纪以来的最低值"　　129
日本人对"弱势日元"的无奈　　131
资产防御而非资产运用　　132
关于"家庭部门抛售日元"的报道开始增多　　133
外币存款利率上调报道的意义　　135
通货膨胀下意识到的"现金贬值"　　136
新 NISA 推出之前就存在家庭部门海外投资倾向　　137
新 NISA 的强劲势头背后的"家庭部门抛售日元"　　139
家庭部门会与机构投资者并驾齐驱吗　　140
储蓄不是低增长的"原因",而是其"结果"　　142
银行部门持有国债的意义　　144
如果日本人不储蓄,谁来购买国债　　145
资产运用立国的难言之隐　　146
现行框架能否一直持续　　147
从众思想下分散投资的危险性　　149
资产运用立国的最终归宿在哪里　　150
日本人的消费行为与内外金融市场链接的时代　　152

第4章　购买力平价理论为何不再适用　155

从购买力平价理论看美元/日元汇率　156
无法再使用的PPP理论　158
PPP对比下什么是"日元过度贬值"　160
如今，日元贬值期待的效果不是出口数量
增加，而是股价上涨　163
"修正的不是实际汇率而是PPP"　164
通过旅游出口"进口"通胀压力　165
劳动力短缺只是个开始　167
如何摆脱"半个世纪以来的最低值"　168
　专栏⑤　日经平均股价上涨是"通胀的恩惠"　170

第5章　日本能做些什么：如何利用日元贬值　183

旅游收支不能成为主要的经济支柱　184
日本政府对促进外资投入愈加重视　186
对内直接投资带来的日本变革　188
入境需求也会产生类似效应　190
日本的现状不如朝鲜　191
过去实现目标的历程　193
为什么日本的对内直接投资停滞不前　195
阻碍对内直接投资的"两大不足"　196
日本对内直接投资的形式"介于发达国家与
发展中国家之间"　197
不依赖绿地投资的对内直接投资战略　199

XVI

亚洲资本存在感增强的十年　200
日本现已成为"被投资的国家"　202
应战略性瞄准哪些国家、地区和行业　203
金融和保险业的现状　205
促进对内直接投资所需的价值观转变　206
国际政治局势紧张带来的助力　207
2016年以后的世界变化　209
"慢全球化"带来的助力　210
这一切都是"围绕中国企业的分化与重组"吗　212
2023年4月,《世界经济展望报告》发布一年后　213
日本被选择是理所当然的　215
对内直接投资的"负面效应"　216
爱尔兰的案例　217
不过,日本的情况可能有所不同　218
政府的具体举措　219
半导体领域的重要性　223
聚焦"海外人才"的政策举措　224
旅游收支、对内直接投资与磁悬浮中央新干线的关系　226
再无保留的余地　228

　　专栏⑥　日德GDP逆转的本质:因为是汇率因素所以可以接受吗　229

结语　240
注释　246

XVII

第 1 章

"新时代赤字"的本质

推动汇率变化的"利率"以及"供需"

2022 年开始的历史性日元贬值并没有很快结束，而是持续到了 2023 年，并且在本书撰写时（2024 年 4 月，除非另有说明），日元贬值仍被视为一个社会问题。与许多专家的预期相反，日元贬值在 2023 年甚至 2024 年继续延续，这背后的原因并非单一。2023 年，许多人认为原本美国的通胀将趋于缓和，但其顽固性却出人意料（这也使得美联储未能开始降息）。同时，自 2023 年 4 月上任的日本央行行长植田和男也强调了继续推行宽松货币政策，这些金融政策相关的讨论在金融市场上成为日元贬值的理由之一。

这些关于金融政策的讨论将汇率变化的一个主要因素归结为"利率"。无疑，这是一个重要的解释变量。然而，笔者认为对于日元汇率的解读过于依赖利率（特别是与海外利率的内外利差）因素是不合理的。因为尽管美联储在 2022 年至 2023 年期间没有降息，但逐步缩小加息幅度，最终决定暂停加息。然而，在这种情况下，美元/日元汇率仍然有突破 150 日元的时候。

自 2024 年初以来，美联储主席鲍威尔多次承诺将会降息，但是日元却并未反弹，反而在 2024 年 4 月对美元汇率创下了近三年来的新低（4 月 29 日，甚至达到了自 1990 年 4 月以来的最低水平 160 日元）。在过去的历史中，似乎有一种不成文的规律，即只要美联储转向"鸽派"，日元自然会升值。但是在 2023 年这种情况并未发生，而且在本书撰写时也没有出现这种情况。为什么会这样？这需要进一步深入思考。

汇率并不仅仅由"利率"决定，最终还依赖于"供需"关系。虽然掌握全球最广泛、最深刻的金融市场——外汇市场的"供需"并非易事，但好在作为研究外汇市场基础的国际收支统计数据会定期发布，因此笔者将会尽可能详细地分析这些数据。在本书的第 1 章和第 2 章中，笔者将回顾 2022 年和 2023 年经历的历史性日元贬值，通过国际收支统计数据来深入探讨当前日本所面临的结构性变化。

首先，在第 1 章中，本书将讨论国际收支统计中的一种可以称为"新时代赤字"的新型赤字。接下来在第 2 章中，将探讨新闻报道中经常提到的"统计上的顺差"，如果仅仅关注表面上的数字，则很有可能被误导。第 1 章和第 2 章构成了本书的核心部分。

"成熟债权国"的表现

在本书撰写时，获取到了最新的 2023 年日本国际收支统计数据。该年的经常收支顺差为 21.381 万亿日元（见图 1-1）。这完全是靠初次收支顺差达到了创纪录的 34.924

万亿日元才达到的结果。这部分的顺差可以被称为过去投资的"收成"。日本国内企业和投资者持有的大量外币资产，成了现今日本剩下的为数不多的优势。

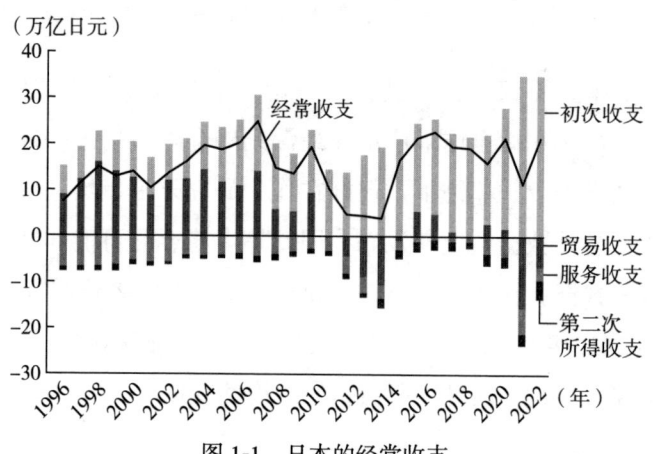

图 1-1　日本的经常收支

资料来源：财务省。

2022 年和 2023 年，由于历史性的日元贬值，这些"收成"部分迅速膨胀。

然而，尽管初次收支顺差有着大量盈余，但 2023 年贸易与服务收支赤字却达到了 9.4167 万亿日元，成为有史以来第四大的赤字，这一变化不可忽视。

顺便提一下，由于资源价格高企和日元贬值，前一年（2022 年）的贸易与服务收支创下了 21.665 万亿日元赤字的纪录。因此，相比之下，可以说"赤字已经减半"。事实上，媒体报道中也出现了类似的标题。然而，仅在这两年内，赤

字就已超过30万亿日元，因此可以毫无疑问地说，2022年和2023年日本的日元供需结构正面临历史性的失衡（具体表现为日元被过度抛售）。此外，尽管在这两年内贸易服务收支的赤字如此巨大，但日本依然保持了世界上最大的经常收支顺差国之一的地位。例如，即使在创下贸易与服务收支赤字历史纪录的2022年，日本的经常收支顺差仍为约845亿美元，位居全球第九（见图1-2）。

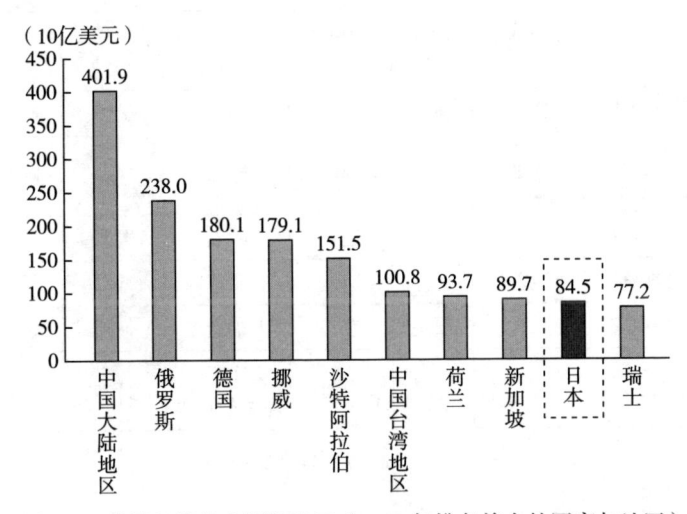

（10亿美元）

中国大陆地区	401.9
俄罗斯	238.0
德国	180.1
挪威	179.1
沙特阿拉伯	151.5
中国台湾地区	100.8
荷兰	93.7
新加坡	89.7
日本	84.5
瑞士	77.2

图1-2 世界经常收支顺差地区（2022年排名前十的国家与地区）

资料来源：2024年4月IMF（国际货币基金组织）的WEO（《世界经济展望报告》）。

经济学中有一种理论，它通过分析某国家的国际收支统计项目，来解释其从债务国变为债权国，再到债权削减国的六个阶段。这就是20世纪50年代提出的"国际收支发展阶段论"（见图1-3）。2022年和2023年的日本国际收支虽不能通过商品贸易实现外汇顺差，但能通过投资实现外汇顺差，正是一种典型的"成熟债权国"的表现。直到 2012 年左右，日本仍处于"通过商品贸易和投资实现双重顺差的不成熟的债权国"的阶段。经过十多年的时间，日本经济向前迈进了一步（在图 1-3 中，从阶段④转向了阶段⑤），这一点是毋庸置疑的。

	①不成熟的债务国	②成熟债务国	③债务偿还国	④不成熟的债权国	⑤成熟债权国	⑥债权削减国
经常收支	逆差	逆差	顺差	大幅顺差	顺差	逆差
商品与服务收支	逆差	顺差	大幅顺差	顺差	逆差	逆差
初次收支	逆差	逆差	逆差	顺差	大幅顺差	顺差
对外净资产	逆差	逆差	逆差	顺差	大幅顺差	顺差
金融收支	顺差	顺差	逆差	大幅逆差	逆差	顺差
例子	英国		中国	2012 年左右的日本	日本	美国

供给的实情是？

图 1-3　国际收支发展阶段论

资料来源：笔者编。

质疑"国际收支发展阶段论"

然而，本章接下来将探讨的是，如果"新时代赤字"持续扩大，可能会导致从阶段⑤"成熟债权国"迈入阶段⑥"债权削减国"。这是笔者所关注的问题。半个多世纪前的

"国际收支发展阶段论"显然没有考虑到"新时代赤字"的存在。换句话说，当前的局面是经常收支顺差正在被一种理论上无法预见的情况所削弱。

从分析的角度来看，即使"国际收支发展阶段论"将日本归类为"成熟债权国"，但日本实际上面临的却是日元贬值的现象，这一事实理应引发人们的思考。如前所述，尽管日本在2022年和2023年都保持了大额的经常收支顺差，但日元汇率却呈现出暴跌的趋势。具体数据如下：2022年日元对美元汇率最大跌幅约为35%，日元对欧元汇率最大跌幅约为18%，全年分别下跌约14%和7%（最大变化率为当年最高汇率与最低汇率的比较，全年变化率为年初汇率与年末汇率的比较，下同）[1]。顺便提一下，2023年日元对美元和对欧元汇率的最大跌幅均为约20%，全年分别下跌约8%和1%，同样大幅贬值。

在此期间，笔者几乎每天都会查看主要货币对美元汇率的变化率。结果发现，在2022年和2023年，G20国家中比日元贬值更严重的只有土耳其里拉和阿根廷比索。而作为G7成员国，日元在2022年和2023年经历的暴跌尤为异常。理论上，经常收支顺差意味着"流入的外汇多于流出的外汇"，因此这种单方面的货币贬值从理论上来说不值得过度担忧。然而，这种情况还是在2022年和2023年发生了。为什么会这样？作为分析者，对此抱有疑问是理所当然的。回顾2023年的舆论，有人曾对2022年"'成熟债权国'地位下滑"的悲观论调进行批评，认为这种说法过于杞人忧天。过度的悲观固然不可取，但笔者认为这些批评声过于浅薄。即使定义上的"成熟债权国"得以维持，但如果历史性的日元贬值持续，国民生活继续受到影响，那我们也没有理由放心。如果"经常收支顺差但是货币持续贬值"的状况长期化，那么就有必要质疑依靠"国际收支发展阶段论"来认识现状的正确性。从理论上来说，"成熟债权国"不应该陷入持续的货币贬值，然而事实是日本正处于这种状况。关于这种"经常收支顺差但货币贬值"的现象，笔者将在第 2 章通过"现金流基础的经常收支顺差"的概念来详细阐述自己的观点。

无论如何，虽然"国际收支发展阶段论"通过各项国际收支统计的变化动态地划分国家的发展阶段，是一个简单而优秀的理论，但它是半个多世纪前提出的，我们也需要考虑其不完善之处。即便是由过去的伟大人物提出的理论，我们持怀疑态度也并不是坏事。

我们也应该随着时代逐步更新自己的认知。关于"国际收支发展阶段论"，笔者将在第 2 章的最后表达自己的看法。

作为"新时代赤字"的服务收支赤字

在本章和第 2 章中，笔者将聚焦于被经常收支顺差这一事实掩盖而未被充分关注的事实。首先，本章将围绕"新时代赤字"，深入探讨服务收支赤字。如前所述，2023年日本的贸易与服务收支赤字达到9.4167万亿日元，创下历史上第四大赤字。这一赤字毫无疑问是由贸易收支赤字（6.5009万亿日元）主导的，但服务收支赤字（2.9158万亿日元）也绝不容忽视。虽然服务收支赤字的规模在历史上并不算巨大，但仔细分析其内容，就能发现日本当前所面临的挑战。众所周知，当前的全球经济高度国际化，不仅是货物交易，服务交易也跨越国界。相应地，这也导致围绕日元的供需关系正在发生变化。在这种情况下，服务收支的变化与日元贬值之间的关系是本章要讨论的重点。

自2013年以来，讨论日本经常收支时，焦点主要集中在以下三个方面：①贸易收支赤字，②初次收支顺差，③旅游收支顺差。尤其是第③点，即外国游客（简称入境游）需求的结果，这一点是众所周知的，读者对此也应该很熟悉。然而，自2020年起，作为第四个论点的"其他服务收支赤字"也逐渐崭露头角，并呈现增长趋势，这一现实也值得关注。称之为"其他服务收支赤字"可能会让人觉得它不太重要，因此，考虑到其性质，笔者将其称为"新时代赤字"。在详细讨论"新时代赤字"之前，先让我们回顾一下关于服务收支的一些基本事实。服务收支由旅游收支、运输收支和其他服务收支这三个部分构成。众所周知，自2015年起，日本的旅游收支顺差不断扩大，成了热门话题。尽管从2020年到2022年，与新冠疫情相关的入境政策（被戏称为锁国政策）导致这一潜力未能充分发挥，但到了 2023 年，旅游收支顺差达到了 3.6313 万亿日元，远远超过了 2019 年创下的历史最高顺差纪录（2.7023 万亿日元）（见图 1-4）。目前，旅游收支这一项目是日本主动赚取外汇的最大渠道。

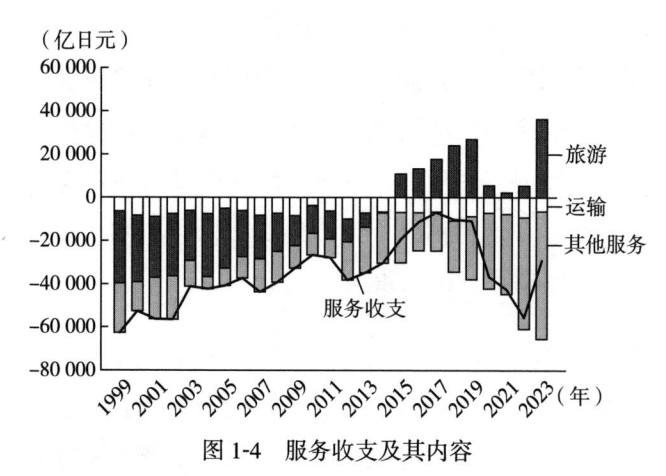

图 1-4　服务收支及其内容

资料来源：日本银行。

然而，2023 年的其他服务收支赤字为 5.904 万亿日元，创造了历史上最大的赤字纪录。正如图 1-4 所示，其他服务收支赤字的扩张速度非常快，事实上，它从 2019 年到 2023 年连续五年刷新了历史最大赤字的纪录。这就让旅游收支中创造的"历史最大顺差"被其他服务收支的"历史最大赤字"所抵消了。重新整理 2023 年的服务收支整体数据发现，2023 年服务收支整体赤字为 2.9158 万亿日元。虽然这个赤字数字很大，但并不属于历史性水平。然而，细看内部的话，会发现运输收支赤字为 6432 亿日元，旅游收支顺差为

3.6313 万亿日元，其他服务收支赤字为 5.904 万亿日元，出现了极为鲜明的差异。即使通过旅游收支赚取了大量外汇，其他服务收支的外汇流失也实在过于巨大，以至于日本的服务收支赤字无法解决。这种结构恰恰是讨论日本经常收支时需要关注的新问题。

旅游收支顺差被"新时代赤字"抵消

图 1-5 更直观地展示了服务收支的变迁。图 1-5 对比了 2023 年、2022 年以及 2014 年。例如，从 2014 年到 2023 年，服务收支赤字整体从 3.335 万亿日元变为 2.9158 万亿日元，几乎持平，没有特别显著的变化。然而，如前所述，服务收支的内部发生了很大的变化并相互抵消。以项目为单位分析 2014 年到 2023 年这十年间的变化，第一个突出的积极变化体现在旅游收支从 2014 年的赤字 444 亿日元转变为 2023 年的大幅顺差 3.6313 万亿日元，这是一项显著的转变。在同一时期，其他服务收支的赤字从 2014 年的 2.3239 万亿日元扩大到了 2023 年的 5.904 万亿日元，大约膨胀为原来的 2.5 倍。虽然旅游收支顺差的扩大速度令人瞩目，但其他服务收支赤字的膨胀速度也令人咋舌。很多读者或许了解前者，但对后者并不熟悉。在近些年的日本，经常收支中的服务收支，尤其是作为其组成部分的其他服务收支的赤字正在急剧扩大，这一事实不容忽视。

（万亿日元）

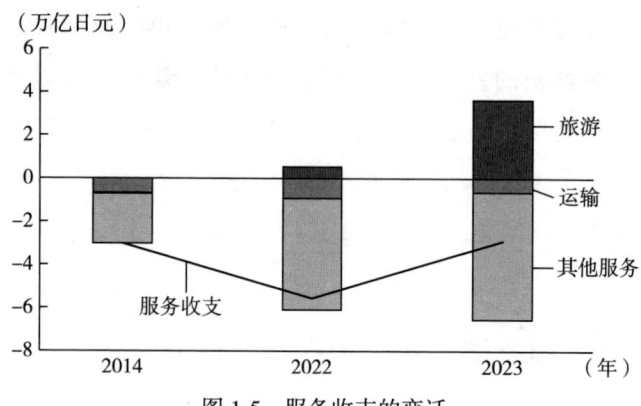

图 1-5　服务收支的变迁

资料来源：日本银行。

讨论整体经常收支时，人们往往会关注变动剧烈、易成为头条的贸易收支、经常收支顺差的支柱——初次收支，以及备受社会关注的入境游所带来的旅游收支。然而，其他服务收支的赤字显然具备了无法忽视的变化和规模。正如后文所述，其他服务收支由众多项目构成，深入研究其内容时，不难发现它的确具有被称为"新时代赤字"的性质。同时，它也包含了日本经济未来必须面对的新课题。接下来，笔者将围绕数字化、咨询、研发等方面，介绍"新时代赤字"。

数字赤字在十年内翻倍，二十五年内扩大了五倍

那么，什么是其他服务收支？它由哪些项目构成？正如图 1-6 所示，除了"知识产权等使用费"顺差外，其他所有

项目均为赤字。而且，各赤字项目的性质也多种多样。近年来，频繁出现在新闻报道中的"通信、计算机及信息服务"在 2022 年的赤字为 1.4993 万亿日元，2023 年则扩大至 1.6149 万亿日元。此项目的赤字在 2014 年仅为 8879 亿日元，这意味着赤字额在十年内翻了一倍。此外，该项目的赤字在 1999 年时仅为 2668 亿日元，与之相比，二十五年内赤字扩大了约 5 倍。众所周知，"通信、计算机及信息服务"项目是指向美国大型科技公司（如 GAFAM）支付的平台服务费用。GAFAM 代表了谷歌、亚马逊、Facebook（现 Meta）、苹果、微软等企业。自 2023 年以来，媒体开始频繁使用"数字赤字"来形容这类服务所带来的支付赤字，十分通俗易懂[2]。那么，"数字赤字"具体包括哪些交易呢？

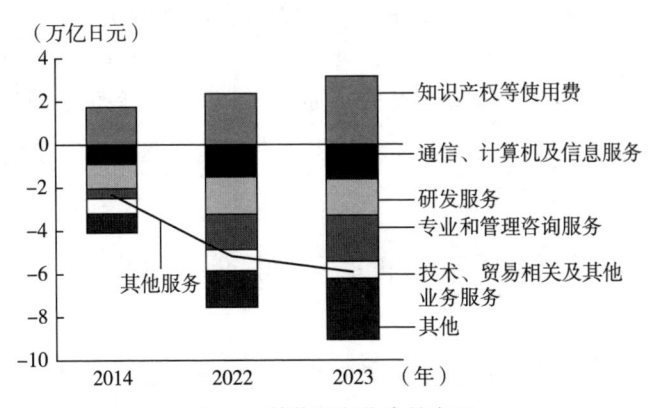

图 1-6 其他服务收支的变迁

资料来源：日本银行。

例如，在日本，政府的共通云计算平台"政府云"（Government Cloud）中采用了亚马逊的 AWS（Amazon Web

Services）、谷歌的 GCP（Google Cloud Platform）、微软的 Azure 以及甲骨文的 OCI（Oracle Cloud Infrastructure）。2023 年 11 月，日本的樱花互联网公司（Sakura Internet Inc.）的"樱花云"（Sakura Cloud）首次作为国产云服务被采用，这一事件也引起了广泛关注[3]。使用海外企业的服务必然需要支付外汇，这直接导致了日元的抛售压力。感受到压力的不仅仅是政府，还有企业和个人。例如，订阅 iPhone 的云存储服务，每月支付的费用其实就是在支持美元买入和日元卖出。以 2023 年为例，"iCloud+"提供了 50GB 每月 130 日元，200GB 每月 400 日元的订阅服务。此外，像美国的 OpenAI 所提供的人工智能（AI）聊天机器人 ChatGPT 的订阅费用，也被认为属于"通信、计算机及信息服务"的范畴。类似的例子不胜枚举，而这类交易预计未来还会逐年增加。

当听到这些服务交易导致赤字膨胀时，很多读者可能会有强烈共鸣，因为我们在日常生活中也经常有类似的体验。

外资咨询热潮是否也助长了"新时代赤字"

值得注意的是，其他服务收支的赤字并不仅仅源于"通信、计算机及信息服务"。在 2022 年，"专业和管理咨询服务"的赤字达到 1.6313 万亿日元，2023 年则扩大至 2.1246 万亿日元，这一数字甚至超过了"通信、计算机及信息服务"。"专业和管理咨询服务"包括了广告交易、民意调查等费用，自然也包括了互联网广告的买卖交易的费用。因此，从这个角度来讲，"专业和管理咨询服务"这个项目同样具有数字赤字的特征。

正如项目名称所示，外资咨询公司在日本的业务交易也属于这一项。众所周知，近年来，日本的许多大学毕业生选择进入外资咨询公司工作，或在职场上转投这些公司[4]。笔者周围也有很多人跨行业转入外资咨询公司，形成了一股热潮（当然，称其为热潮可能并不完全合适，因为"潮流"往往是短暂的）。重要的是，外资咨询公司在日本的业务正在不断加速扩展。作为外资企业，这些公司在日本获得的部分收入和利润会被汇回本国。因此，从日本人（或日本企业）的视角来看，向它们支付服务费用就意味着外汇支出，因此，外资咨询公司在日本的业务活动越活跃，日元贬值的压力就越明显。

虽然在日本发布的统计数据中无法单独列出与这些咨询服务相关的交易，但是我们应该具备这样的认知，即"专业和管理咨询服务"的赤字并不全都是由数字服务引起的。在"数字赤字"这一术语流行的背景下，一些缺乏专业知识的评论者常常滥用这一说法，误导性的讨论也时有发生，因此笔者建议大家结合正确的认知来解读这一现象。值得一提的是，在"专栏③ 数字赤字仅限于日本吗"中进行了国际比较，以美国和英国的案例来看，"专业和管理咨询服务"中咨询服务所占的比例似乎相当大，因此或许本就应该将其与数字服务进行区分。

象征"人才流失"的研发服务收支赤字

此外,"研发服务"在 2022 年也出现了 1.7252 万亿日元的赤字,2023 年为 1.6779 万亿日元,这一赤字规模与"通信、计算机及信息服务"以及"专业和管理咨询服务"相当。而且,2022 年的赤字是有史以来最大的。

所谓"研发服务",顾名思义,除了涉及研发相关的服务交易,还包括研发成果如产业产权(专利权、实用新型权、外观设计权)的买卖。当日本贸易顺差开始减少时,曾有一种论调认为,虽然制造和销售商品等环节会转移到海外,但研发这种附加值较高的经济活动会留在日本(因此无须担心)。然而,现实却是贸易顺差的减少已经成为常态,甚至与研发相关的服务支出也在不断增加。

有很多数据都反映了这种现状,例如,文部科学省的一份报告指出,日本私营部门的研究人员的数量几乎没有增长,与其他国家相比,这种情况显得十分异常(见图 1-7)。日本政府应该重视这种情况,采取措施阻止这种趋势(这一点将在后文与"创新盒税制"的解释一同讨论)。

除此之外,2022 年"技术、贸易相关及其他业务服务"也出现了 9900 亿日元的赤字,2023 年赤字为 7903 亿日元,接近 1 万亿日元的规模。此项服务涵盖建筑、工程等技术服务、农业、采矿服务、操作性租赁服务、贸易相关服务等，据称还包括石油、天然气等资源的勘探与开采交易。

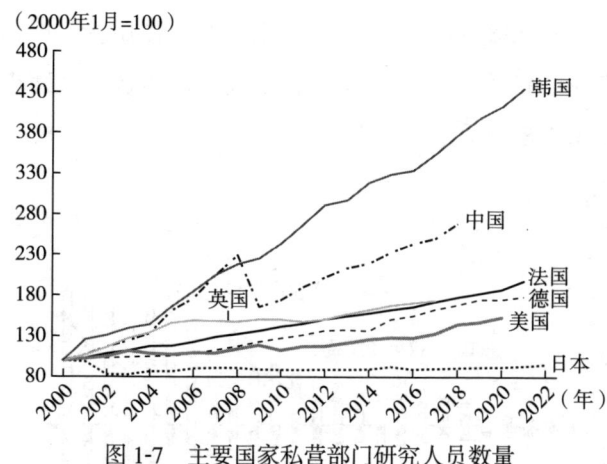

(2000年1月=100)

图 1-7 主要国家私营部门研究人员数量

资料来源：根据文部科学省科学技术·学术政策研究所《科学技术指标2023》改编。

具体来说，此项服务包括了资源权益的买卖，但也有观点指出，此项服务往往包含分类不明确的交易。准确地说，具体情况实际上并不清楚。

"压箱底"的知识产权等使用费也受到了数字化的影响

正如图 1-6 所示，在其他服务收支中大幅赤字常态化的背景下，"知识产权等使用费"依然稳定保持着顺差。然而，即便是这个"压箱底"的项目,也难以避免受到数字赤字的影响。

在"其他服务收支"中,"知识产权等使用费"严格来说由"产业产权等使用费"和"著作权等使用费"这两个项目构成。图1-8展示了这一点。

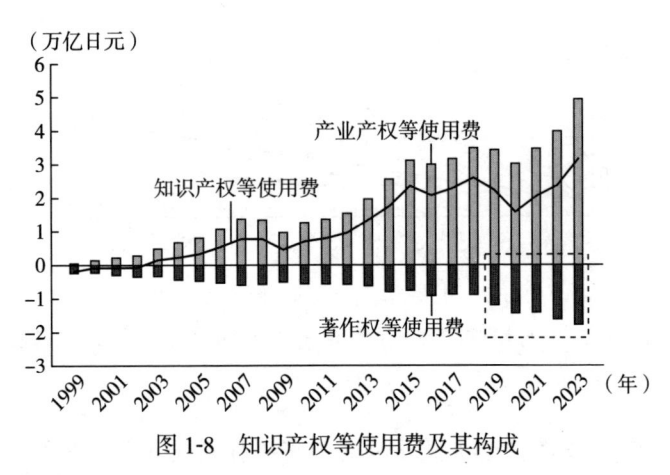

图1-8 知识产权等使用费及其构成

资料来源：日本银行。

首先,"产业产权等使用费"包括产业产权(专利权、实用新型权、外观设计权、商标权)和技术信息的使用费、与加盟特许经营相关的各种费用、销售权许可及相关收支。此外,与这些权利有关的技术和经营指导费也属于这一项[5]。例如,日本汽车制造商根据其海外生产基地的产量获得的特许权使用费,或药品开发和销售许可相关的收支(合同预付款、根据销售额支付的特许权使用费等)都会被计入该项目。从全球范围来看,德国与日本一样也是这一项顺差较大，反映了其汽车和化工产品的强大竞争力。

接下来，让我们看一下与"产业产权等使用费"一起构成"知识产权等使用费"的"著作权等使用费"。它指的是为复制并分发（销售、免费分发等）著作物（包括计算机软件、音乐、影视、角色、文学、学术、美术等）所支付的使用许可费（即版权费）。这里还包括为订阅影音和音乐流媒体服务支付的费用，比如YouTube、Netflix、Amazon Prime Video、DAZN、Disney+ 和 Hulu 等。毋庸置疑，这些都是伴随着日元外流的服务交易。此外，计算机软件也被包括在内，如微软的Windows软件在安装时也会产生相应的费用。

正如图1-8所示，日本的"知识产权等使用费"能够保持顺差，主要归功于"产业产权等使用费"持续保持稳定顺差。然而，这一现象也反映了日本企业在海外的生产和销售活动日益活跃。众所周知，在制造业生产逐渐向海外转移的背景下，日本难以维持贸易顺差。因此，"产业产权等使用费"的顺差扩大在某种程度上可以被视为与贸易收支赤字的扩大存在紧密关系。事实上，从2012年左右开始，随着日本的产业产权等使用费的顺差开始增加，日本对外直接投资也显著增长，同时贸易收支顺差的下降趋势也开始大致显现（见图1-8、图1-9、图1-10）。关于这一论点的详细讨论可参见"专栏① 透过服务收支看制造业行动变化"。

(万亿日元)

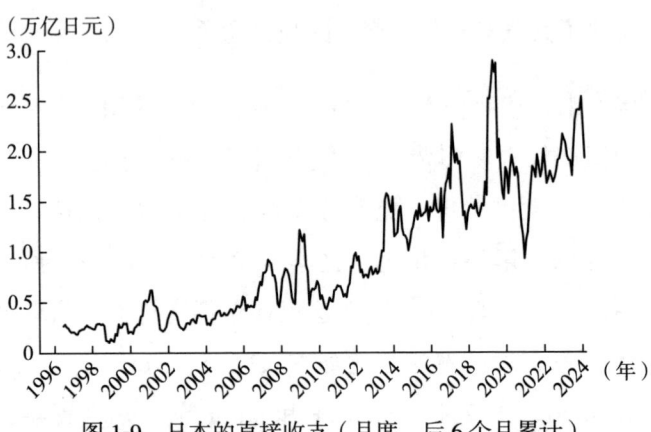

图 1-9　日本的直接收支（月度、后 6 个月累计）

资料来源：日本财务省。

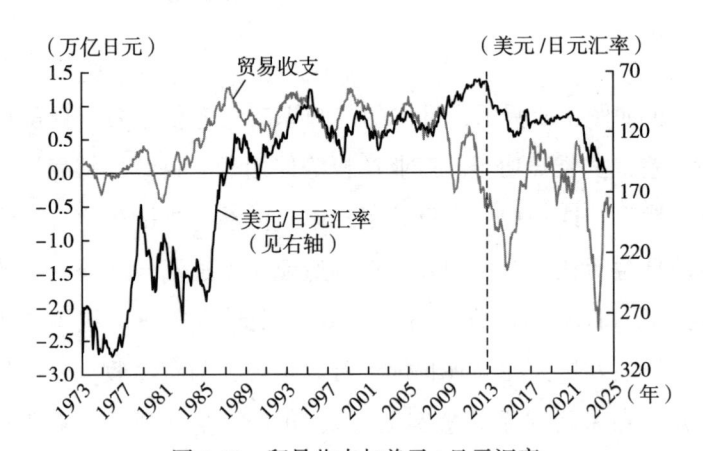

图 1-10　贸易收支与美元/日元汇率

注：将贸易收支数据提前 6 个月显示，并使用 6 个月的平均值。
资料来源：彭博社。

无论如何，自 2019 年起，"著作权等使用费"的赤字呈现增加趋势（见图 1-8 中的虚线方框部分）。根据前面的讨论，这很可能与数字交易相关。众所周知，外资企业提供的此类服务不断涨价，原因就是国外劳动者的名义工资正在上涨。在这样的背景下，即使"知识产权等使用费"是唯一的服务收支顺差项目，也以"著作权等使用费"的名义与"数字赤字"混杂在一起，并且未来很可能导致"知识产权等使用费"的顺差水平逐渐下降。如果真的发生这种情况，服务收支，乃至整个经常收支都将受到影响。虽然"著作权等使用费"的赤字尚未达到显著水平，但作为"新时代赤字"的一部分，它也值得我们关注。

"新时代赤字"超越了原油进口

其他服务收支的赤字，或用本书的话说，"新时代赤字"，与数字赤字这一象征性概念一起频繁出现在各种媒体中。随着关注度的增加，人们也开始更多地提出对未来的具体展望，并要求提供明确的数据支持。

根据 2022 年 7 月 20 日举行的日本经济产业省第六次半导体与数字产业战略研讨会的资料（以下简称会议资料），如果云服务等计算机服务所带来的赤字继续按照当前的趋势和速度发展，到 2030 年该项目的赤字预计将扩大至约 8 万亿日元。对此，会议资料指出该项目的赤字规模将超过原油进口额[6]（见图 1-11）。

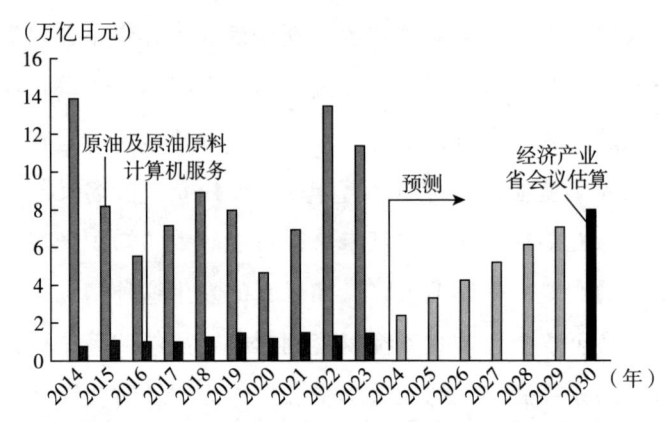

图 1-11　原油及原油原料进口和计算机服务收支赤字

注：2024～2029 年的结果是作者通过线性插值估算得到的。

资料来源：经济产业省"第六次半导体与数字产业战略研讨会"，日本银行，macrobond。

　　该会议资料中介绍了 2021 年日本原油进口的实际数据约为 6.9 万亿日元，但实际上，如 2014 年、2022 年、2023 年这些年份，原油进口额都远远高于这一数字。因此，原油进口的估计金额应为 6 万亿至 10 万亿日元。

　　会议资料中指出，计算机服务规模近似于国内公共云市场的规模，假设计算机服务规模未来会按照国内公共云市场的民间预测增长率进行发展，则预计到 2030 年计算机服务收支赤字每年将会达到约 8 万亿日元，这也是笔者提出"8 万亿日元"的估算依据。如果经济产业省的预测成为现实，国际收支的情况将如何变化呢？以下将进行简要分析。

第 1 章 "新时代赤字"的本质

如果预测准确,"新时代赤字"将达到约 12 万亿日元

到目前为止,本书一直关注"通信、计算机及信息服务"这一项,但在上文中提到的战略研讨会仅对"计算机服务"进行讨论。不过,以 2023 年为例,"通信、计算机及信息服务"的赤字(1.6149 万亿日元)与"计算机服务"的赤字(1.4407 万亿日元)相差较小,因此,无论使用哪个数据进行讨论,对整体影响都不大。

假设仅"计算机服务"就记录了高达 8 万亿日元的赤字,那么以 2023 年为例,"通信、计算机及信息服务"的赤字将扩大约 6 万亿日元以上(从约 1.7 万亿日元扩大到约 8 万亿日元)。此外,2023 年的"通信、计算机及信息服务"等其他服务收支(即"新时代赤字")约为 5.9 万亿日元。如果其他条件保持不变,"计算机服务"的赤字按预计扩大后,到 2030 年"新时代赤字"将增加到约 12 万亿日元(在 5.9 万亿日元的基础上再增加 6 万亿日元)。这一规模的赤字意义重大。

正如前文所述,2023 年的旅游收支约为 3.6 万亿日元,创下历史最大顺差。然而,正如在"专栏② 日本有多依赖旅游收支"中讨论的,考虑到日本当前面临的劳动力短缺问

题和未来的预期，最好还是认为日本旅游收支顺差的扩大空间是有限的。在这种情况下，即使日本继续通过旅游收支积累顺差，可能也无法抵消未来即将扩大的"新时代赤字"的一半。

贸易收支长期处于赤字状态，而初次收支仅在统计上保持顺差（将在第2章详细讨论），这些合起来构成了经常收支。而日元的持续贬值与日本目前的供需环境和对未来的期望密切相关。

原油与计算机服务的同质性

这份会议资料的一个亮点在于将计算机服务和原油进行对比讨论。确实，在日常生活中这两者都深刻影响着人们的生活，且在价格决定权方面，进口原油依赖于中东产油国，而数字服务则依赖于外资企业，二者有相似之处。有读者在读完我的专栏后表示："日本必须找到数字原油。"我觉得这是一个非常巧妙的表达。

然而，原油价格会因多种因素而波动，但数字服务的单价却几乎不可能下降，未来更可能上涨。正如之前所述，提供数字服务的外资企业员工的工资在不断上升，因此数字服务价格上涨似乎是不可避免的。日本人要想从这种压力中解脱，他们的工资也需要相应地上涨到同样水平，或者超过外资企业的工资水平。然而，众所周知，想要实现这一点是非常难的。

对于日本经济来说，对计算机服务和原油的外汇支付都是不可或缺的，但由于日本几乎无法对这些成本价格的形成进行干预，因此这些成本可能成为经济上的沉重负担。越深入分析日本的国际收支结构，就越能清晰地发现获得外汇的难度在不断增加，这一点将在第2章中进行详细讨论。日本历来缺乏天然资源，这导致了交易损失的扩大，收入流向海外而对实体经济产生了负面影响。数字服务很可能会成为与之类似的经济负担。

当然，若没有数字服务，提升实体经济的生产力也将变得非常困难，因此数字服务对实体经济的正面效应也不容忽视。然而，回顾历史，我们知道，以原油为首的矿物燃料价格上涨曾扰乱外汇供需，推动日元贬值。在这样的背景下，"新时代赤字"可能会成为超越原油的促使日元贬值的因素，这一点值得警惕。

2024年3月，财务省组织了一个以国际收支分析为主题的专家会议，这背后反映了一种担忧，即重大结构性变化可能会给国民生活带来不安，需要审慎地制定对策。正如之前讨论的那样，尽管日本被定位为"成熟债权国"，但半个多世纪前提出的"国际收支发展阶段论"并未预见未来数字服务会导致外汇供需失衡。

如果将来有一天，日本被拉向"债权削减国"的状态，那么"新时代赤字"很可能会成为推动这一变化的重要力量，这一点十分令人担忧。

具有时代性的服务收支重组

通过深入探究"其他服务收支"赤字的内情，可以看出，日本经济面临的新课题可谓是"新时代赤字"。然而，读者可能已经感受到，其他服务收支的内容过于繁杂。比如，提到"数字赤字"时，有些项目的大部分赤字确实具有这样的性质（如"通信、计算机及信息服务"），而有些项目可能只有一小部分有这样的性质（如"专业和管理咨询服务"），因此不禁让人想知道："数字赤字到底有多大？"如果只统计相关项目，数字赤字的规模会是多少？

在这一点上，日银（日本银行）提出了一个妙策。在2023年8月10日发布的日银评估报告《从国际收支统计角度看服务贸易的全球化》[7]（简称日银评估报告）中，讨论了日本面临的结构性变化，并提出了有趣的分析视角。许多与服务收支相关的交易都伴随着直接的外汇交易，赤字的扩大直接暗示了"由于结构变化而导致日元贬值长期化"的可能性。迄今为止的讨论从"数字服务""咨询服务""研发服务"等关键词中解析了其他服务收支赤字的扩大，而日银评估报告则提供了一个更为清晰的视角来把握服务收支整体的变化。

具体来说，日银评估报告将服务收支整体重新分类为以下五个部分（以下称为"日银分类"），并提供了一个分类表（见图 1-12）。这种分类方式似乎是一种有效的手段，能够将日本服务贸易所面临的现实进行可视化。

① 与商品流动或生产活动相关的贸易（商品相关收支）
② 与人员流动或当地消费活动相关的服务贸易（人员相关收支）
③ 与数字相关的贸易（数字相关收支）
④ 与金融或保险相关的贸易（金融相关收支）
⑤ 除了①到④的其他部分（其他）

例如，经常在服务收支平衡中讨论的入境旅游相关的收支（即旅游收支）被归类为第②类，而与美国大型 IT 公司提供的数字服务相关的收支则归类为第③类。正如之前讨论的那样，对在日本扩展业务并增加收入的外资咨询公司的支付在统计上也被归入第③类。

这一点只能说是统计的局限性。需要注意的是，第④类是保险和养老金服务与金融服务的总和，实际上显示出显著的扩张趋势，将其归为其他服务收支可能不太明显，但是如果将其统计为金融相关收支的话，就能发现保险和养老金服务其实也是"新时代赤字"的一部分。这一点将在后文中详细讨论。接下来，笔者想使用日银分类并结合数据，整理一下日本服务收支的现状。

		商品相关收支	人员相关收支	数字相关收支	金融相关收支	其他
运输	海上运输	海上乘客		○			
		海上货物	○				
		其他海上运输					○
	航空运输	航空乘客		○			
		航空货物	○				
		其他航空运输					○
	其他运输						○
旅游				○			
其他服务	委托加工服务		○				
	维护和修理服务		○				
	建造服务						○
	保险和养老金服务					○	
	金融服务		○			○	
	知识产权等使用费	产业产权等使用费			○		
		著作权等使用费					

		商品	人员	数字	金融	其他
其他服务	通信、计算机及信息服务	通信服务					○
		计算机服务		○			○
		信息服务		○			○
	其他业务服务	研发服务		○			
		专业和管理咨询服务		○			
		技术、贸易相关及其他业务服务		○			
	个人、文化、娱乐服务	音响影像相关服务					○
		其他个人、文化、娱乐服务					○
		公共服务等					○

图 1-12 将服务收支划分为商品、人员、数字、金融和其他五个类别

资料来源：日本银行、日本银行评估报告《从国际收支统计角度看服务贸易的全球化》，2023 年 8 月。

根据日银分类，数字赤字究竟有多大规模

图 1-13 显示了按照日银分类对服务收支的重新组合，并显示了截至 2023 年的最新变化。2023 年，服务收支赤字达到了 2.9158 万亿日元，其中 5.5194 万亿日元是数字相关收支的赤字，抵消了旅游相关收支的 3.577 万亿日元的顺差。这种结构给人留下了深刻的印象。尽管入境需求依然很强烈，但是日本的服务收支赤字却没有丝毫缓解的迹象，而这本质上是数字相关收支的赤字造成的。当然，也要注意到统计上的局限性。

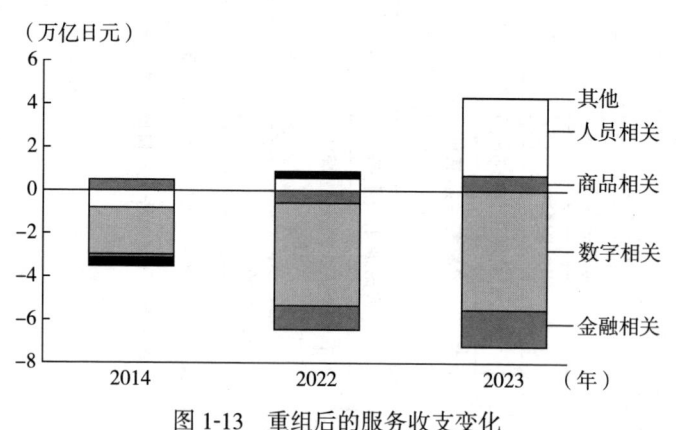

图 1-13 重组后的服务收支变化

资料来源：日本银行。

之前也反复提到，日银分类将"专业和管理咨询服务"整体视为数字相关收支。然而，尽管"专业和管理咨询服

务"中确实包含了与互联网广告交易等相关的数字服务,但也包括向外资咨询公司支付的费用以及国际体育赛事(如世界杯足球赛)的赞助费用等。这意味着所谓的"数字相关收支"中可能包含了相当比例的非数字服务。

关于其他国家的情况将在"专栏③ 数字赤字仅限于日本吗"中详细分析。例如,英国和美国在咨询服务方面的顺差非常显著,也就是说其他国家为此支付了相应的费用。

日本显然是支付咨询服务费用的一方,因此与咨询服务相关的外汇支出可能并非可以忽略的小额支出。顺便提一下,在使用经济合作与发展组织(OECD)的统计数据进行国际比较时,可以发现英国和美国公布了有关咨询服务的详细数据,而日本的相关细目却未公开。同样,欧洲的许多国家也没有公开这类数据。

根据日银分类,日本 2014 年的数字赤字为 2.1483 万亿日元,而 2023 年则一跃变为 5.5194 万亿日元,是 2014 年的 2.5 倍以上。

在同一时期,以旅游收支为主的"人员相关收支"从 8166 亿日元的赤字转为 3.577 万亿日元的顺差,预计未来将稳定在 3 万亿~4 万亿日元的水平。尽管如此,这些顺差仍不足以抵消数字相关收支的赤字。此外,正如后文所述,海外再保险费用等方面的支出为主的"金融相关收支"也录得了接近 2 万亿日元的赤字(2023 年实际赤字为 1.714 万亿日元）。这意味着即使依靠强劲的入境旅游需求，"人员相关收支"积累了顺差，服务收支的整体赤字也仍在不断扩大。

日本在向哪些国家或地区支付费用

虽然不够全面，但仍可通过分析特定类别的数据，了解支付的分布情况。本书中提到的是"通信、计算机及信息服务"这一项，包含了向美国大型IT企业支付的各种平台服务费用（请注意，之前讨论的是收支平衡，而这里讨论的是支付部分）。以2023年为例，日本在这一类别下的支付总额为3.2572万亿日元，其中向美国支付了8195亿日元，约占总额的四分之一。此外，向新加坡支付了3336亿日元，向荷兰支付了2571亿日元，向中国支付了1663亿日元，向瑞典支付了1068亿日元（见图1-14）。可以发现，对美国的支付占据了相当大的比重，但向荷兰和瑞典等欧盟成员国支付的金额也相当可观。

需要注意的是，支付中的最大项是"其他"类别，金额高达1.4008万亿日元。根据"专栏③ 数字赤字仅限于日本吗"中的讨论，其中许多收到支付的国家可能并非欧盟成员国。例如，当试图从统计上理解数字贸易时，会发现全球的数字贸易大国并非美国或英国，而是爱尔兰。在荷兰和爱尔兰驻有许多全球知名企业的全球总部或欧洲总部，所以数字交易在统计上呈现出了膨胀增长的情况。

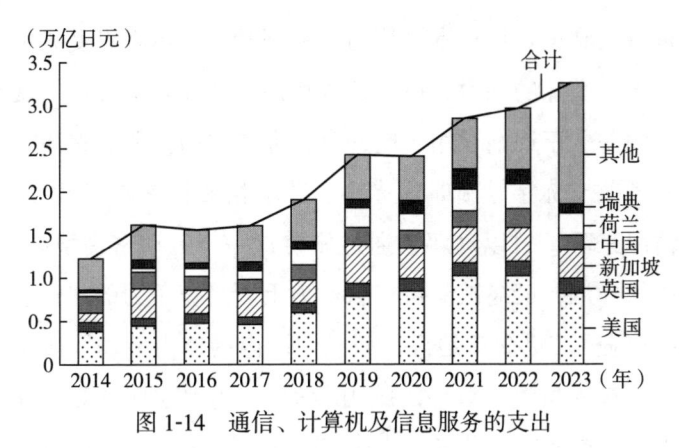

图 1-14　通信、计算机及信息服务的支出

资料来源：日本银行。

总之，日本每年向全球支付的金额在不断增长，这一点毋庸置疑。

"国内的体力劳动"与"海外的脑力劳动"

以云服务和互联网广告为代表的数字服务，可能是许多日本人模糊感知中认为"日本是落后的（尤其落后于美国）"的领域。这种模糊的印象通过数字化体现为"其他服务收支赤字"，本书称之为"新时代赤字"，在日银分类中则被称为"数字相关收支赤字"。

由此可见，"其他服务收支赤字"不仅是外汇需求方面的问题，还反映出日本经济当前面临的挑战以及未来必须面对的课题。在这个意义上，我认为"新时代赤字"这个表述绝不是夸大其词。根据本书撰写时的现状，日本在忍受人手不足和物价上涨的同时，拼命从入境旅游中获得的外汇（旅游收支顺差）正逐渐被用于向外资企业支付数字服务费用（其他服务收支赤字、新时代赤字、数字相关收支赤字）。从这种情况来看，可以理解为通过旅游这一"劳动密集型产业"赚取的外汇，最终被支付在软实力上更具竞争力的"资本密集型产业"。更简单地说，就是"国内的体力劳动"所赚取的外汇被支付给"海外的脑力劳动"。需要说明的是，笔者并不是在指责"通过体力劳动赚取外汇"这一行为本身。

问题在于，现今的日本已经不再拥有充裕的劳动力，也不能通过体力劳动所赚取的顺差来抵消这种新时代赤字了。正如将在"专栏②　日本有多依赖旅游收支"中提到的，无论入境旅游需求有多旺盛，旅游接待能力有其极限，旅游收支的顺差最终也会达到上限。此外，正如将在下一节中讨论的，以数字服务为象征的"新时代赤字"，其单价预计将持续上涨。"国内的体力劳动"所带来的外汇收入逐渐触顶，而需要支付给"海外的脑力劳动"的外汇却呈现增长趋势，这是否意味着差额最终将通过汇率（具体来说，日元贬值）来平衡呢？

"新时代赤字"是一个"卖方市场"

正如之前提到的，以外国数字服务为代表的"新时代赤字"已经如同基础设施一样深深嵌入了经济活动，其性质类似于进口天然资源。因此，即使未来这些服务的价格逐步上涨，日本基本上也只能接受外资企业的"要价"。类似的情况不胜枚举，例如 2023 年 8 月 10 日，亚马逊日本公司（简称亚马逊）宣布将其付费会员服务"Prime"的会费上调，这一消息引起了广泛报道。由于该公司提供的服务种类繁多，其收入在国际收支统计中的具体归属尚不明确。然而，像提供给付费会员的视频和音乐流媒体服务等，可能被归类为其他服务收支中的"知识产权等使用费"，更准确地说，它属于该项中的"著作权等使用费"[8]。这类服务的赤字扩大，正是近年来日本在"知识产权等使用费"方面顺差增长受到抑制的一个原因。

然而，即使亚马逊的"Prime"会员年费从 4900 日元涨到 5900 日元，月费从 500 日元涨到 600 日元，大概也没有多少人会因此取消会员续费（笔者也没有取消续费）。对使用 Prime 的消费者来说，Prime 提供的服务已经融入了日常生活中，而且由于没有替代品，很多人可能只能无奈接受价格上涨。现在世界各地都有工资上涨的趋势，未来这些平台服务的价格上涨可能会成为常态。同样的情况也适用于日本政府或企业与亚马逊、谷歌、微软等公司签订的云服务合同，价格可能也会持续上涨。

实际上，即便日本"Prime"会员年费涨到 5900 日元，这个价格依然不到美国本土价格（约 2 万日元）的三分之一。即使是与欧洲各国相比，日本的价格也与之存在巨大差距（见图 1-15）[9]。这种差距是因为日本和海外国家在工资增长率上存在显著的差异，但是日本最终还是会进行一定的调整，防止差距过大。如果日本名义工资增长率长期无法超越欧美国家，那么未来不仅是 Prime 服务，其他各类数字服务的价格上涨也应在预料之中。这将影响到其他服务收支，进而影响到整个服务收支，最终对经常收支的整体结果产生影响。也就是说，需求与供给的不平衡将通过汇率影响到日元的价值。因此，笔者才会称其他服务收支的赤字为"新时代赤字"，并通过各种媒体发出警示来引起各界注意。

美国	139 美元（约 2 万日元）
英国	95 英镑（约 1.7 万日元）
德国	89.90 欧元（约 1.4 万日元）
日本	5900 日元

图 1-15 主要国家的亚马逊 Prime 年费

资料来源：《日本经济新闻》，"亚马逊 Prime 涨价，考虑到乐天的影响，仍比欧美便宜六成"，2023 年 8 月 10 日。

正如之前反复提到的，与易受资源价格和汇率波动影响的贸易收支不同，构成"新时代赤字"的服务价格基本上不会大幅波动，它更多取决于提供方的工资动向。因此，这些服务的"单价"大多不会下降，更多的是会持续上升。根据近年来的趋势，其他服务收支赤字正在主导服务收支赤字的扩大，进而导致贸易与服务收支赤字的增加，并且正在逐步侵蚀初次收支的顺差。

第1章 "新时代赤字"的本质

如果这种趋势达到极致，在其他服务收支赤字主导的情况下，日本未来有可能会陷入经常收支赤字的境地。虽然不是说这种未来马上会到来，但从中长期来看，对于日元汇率的前景而言，这无疑是一个不能忽视的问题。

佃农难以战胜地主

笔者并不认为所有的数字相关赤字都是不好的。如果通过GAFAM（谷歌、苹果、Facebook、亚马逊和微软）提供的服务提高生产力，从而促进经济增长，那么"新时代赤字"也是有价值的。2024年3月7日，笔者在BS富士的 *Prime News* 节目中，与众议院议员平将明（自民党数字社会推进部长代理，前内阁府IT政策副大臣）讨论了数字赤字这一主题[10]。当时，平议员也提到了通过GAFAM提供的服务开展高附加值经济活动的重要性，这是一个值得认同的事实。然而，随着这些服务消费的增加，外汇的流出加剧，日元汇率可能持续疲软，国内实际工资难以回升，就算努力工作，经济增长率也依然无法提高。《日本经济新闻》曾报道了日本的这种现状，并称日本为"数字佃农"[11]，这个比喻确实非常贴切。佃农指的是"向地主租借土地进行耕作的农民"，而现在的日本企业在美国公司提供的平台服务上开展经济活动，支付"场地费"的状况，的确让人联想到佃农。笔者所担心的"新时代赤字"正相当于这种"场地费"。当然，若要进行更严谨的讨论，还需要分析数字服务的效益，并将其与"新时代赤字"带来的副作用进行比较。不过，这方面的分析可以交由其他学者处理。

然而，就外汇供需而言，作为佃农不断向地主（象征性地指 GAFAM）支付外汇的情况不会改变，这也无疑是导致日元贬值的一个事实。

再保险导致金融相关收支赤字增加

在介绍日本银行的五大分类时，笔者提到了保险和养老金服务作为金融相关收支的一部分，也构成了"新时代赤字"。那么，金融相关收支反映了哪些服务交易的结果呢？金融相关收支的赤字从 2014 年的 1599 亿日元扩大至 2022 年的 1.1112 万亿日元，增加了近九倍，而 2023 年则更新为 1.714 万亿日元，创下历史新高。2023 年通过旅游收支赚取的顺差（3.577 万亿日元）约有一半与金融相关收支赤字抵消。因此，金融相关收支也是不容忽视的一项。本节将会简要介绍金融相关收支的现状。

金融相关收支是将"保险和养老金服务"与"金融服务"的总和进行重组的项目，正如图 1-16 所示，其基本动向主要由前者的赤字所决定。"保险和养老金服务"项目记录了再保险、货物保险等损失保险费，而日本如今面临的赤字扩大主要是由于再保险费支付的增加。再保险是指保险公司为避免自己遭遇损失和风险而向另一家保险公司投保的过程。

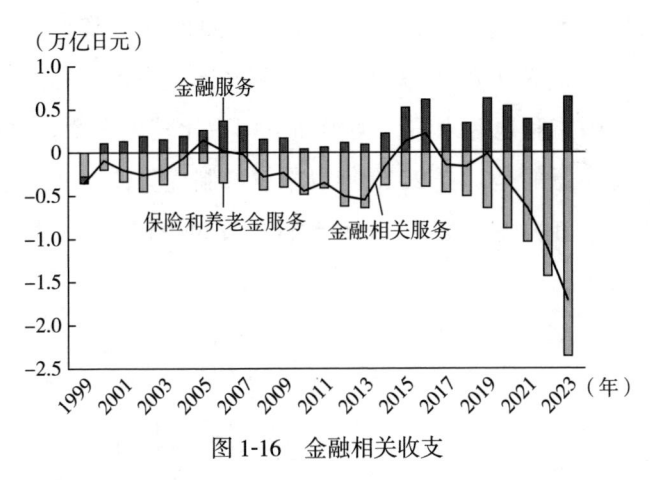

图 1-16　金融相关收支

资料来源：日本银行。

日本银行指出，在日本国内投资性保险产品合同不断增加的情况下，本国保险公司为了抑制市场风险而与海外再保险承保公司签订的再保险合同也在增加，这一点正是保险和养老金服务支出增加的背景。虽然没有明确说明，但基本上认为"投资性保险产品"是指以外币支付保险费和接收保险金或解约返还金的外币保险，以及将支付的保险费的一部分用于投资股票或投资信托等活动的变额保险和变额个人年金保险。此外，2023 年金融厅也表示，对外币保险产品的销售系统应该加以关注，并公布了将加强监管的方针[12]。

从行政无法忽视的程度来看，流行的保险产品已经开始影响服务收支的结构，这一点非常有趣。此外，自 2022 年起，岸田政府以"资产运用国家"为旗帜，积极推动"从储蓄到投资"，而在日本，保险产品的运用已经相当流行，因此可以认为这一点也开始影响服务收支的结构（资产运用国家将在第 3 章讨论）。关于"保险和养老金服务"的支付对象，从国家和地区来看，美国和英国占比较大在意料之中，但值得注意的是，自 2020 年以来，税制优势让中南美地区的再保险市场快速发展，向该地区的支付正在显著增加（见图 1-17）。

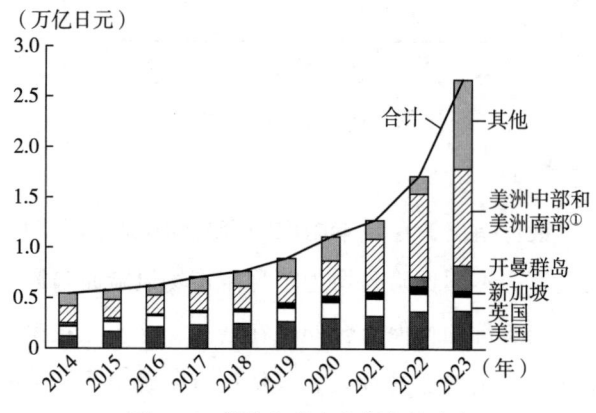

图 1-17 保险和养老金服务的支出

① 除去开曼群岛、巴西、墨西哥。
资料来源：日本银行。

不过，从单一的角度理解"保险和养老金服务"的支付其实并不准确。这是因为日本保险公司收购海外保险公司的情况也在增加。因此，尽管日本对海外的"保险和养老金服务"的支付有所增加，但其支付对象可能是日本企业的海外当地法人，在这种情况下，需要考虑这些收入作为初次收支的顺差部分回流日本的可能性。在这方面，日本银行指出"也可以认为（日本的保险公司）没有影响到服务收支，但对扩大初次收支的顺差幅度做出了贡献"。尽管将这部分算作初次收支的顺差，但它能否在外汇市场上体现为日元购买又是另一个问题。这一点在考虑日元贬值时是一个重要议题，将在第 2 章详细讨论。

推动日元抛售的服务贸易国际化

综上所述，虽然在入境需求增加的背景下，日本的服务收支中人员相关收支顺差在扩大，但与此同时，数字相关收支和与金融相关的收支赤字也在扩大，结果形成了服务收支整体仍为赤字的局面。当然，也可以说经常收支顺差因此被削减了相应的部分。按照日银分类，通过具体的数字可以发现，在 2023 年的服务收支中，数字相关收支和与金融相关的收支赤字总和达到了约 7.2 万亿日元，即使是对日本经济来说堪称"压箱底"的收支项目——人员相关收支的顺差（约 3.6 万亿日元），也只能抵消其赤字的一半。

从目前讨论的结果来看，服务贸易国际化的潮流显然是在推动日本向海外流出外汇。可以说这是此前未曾出现过的日元贬值因素。在日本经济史上，出口制造业曾引领日本经济的增长，因此在分析日本经济时很容易产生"贸易收支是主角，服务收支是配角"的印象，但考虑到其性质，服务收支赤字无论如何都很有可能继续扩大。此外，日本国内的制造业基础已经匮乏，实现出口持续扩大的可能性并不高。虽然贸易收支和服务收支都很重要，但未来会出现新变化的或许是后者。而且，笔者担忧的也正是服务收支的新变化是否会带来长期的日元贬值压力。

对于国内企业将生产转移到海外这一贸易收支的结构变化，人们似乎已经有了相当深入的认识。但是，在现代，不仅是货物贸易，服务贸易也在推进国际化。因此笔者认为在外汇分析的领域，也有必要引入这样的新视角。日本银行所指出的无疑是服务贸易国际化所带来的结构性变化，而在外汇市场上体现出来的则是日元抛售。

研发部门未能留在日本

目前为止，我们都将其他服务收支赤字称为"新时代赤字"，并在使用日银分类的同时，确认了在数字服务和"保险和养老金服务"上支付的外汇在增加这一事实。此外，向外资咨询公司支付的费用虽然无法单独作为一个项目提取出来，但该分类的外汇支付确实在膨胀。最后，"新时代赤字"中的项目里还有一项需要单独讨论。这一项就是"研发服务"的赤字。在日银分类中这一项属于与商品相关的收支，其动向难以看清，所以我们特意单独进行讨论。如前所述，

"研发服务"记录了与"通信、计算机及信息服务"和"专业和管理咨询服务"等项目相当的赤字（见图1-6）。但是这一点在日银评估报告中没有太多提及，所以在这里我们进行单独的讨论。

正如图1-7所示，与其他国家相比，日本的研究人员数量很明显没有增长。直观地看，数字相关收支赤字的扩大很可能是由于在研发领域落后于其他国家。在统计上，研发服务被定义为"与研发（基础研究、应用研究、新产品开发等）相关的服务交易，以及作为研发成果的产业产权（专利权、实用新型权、外观设计权）的买卖"。虽然无法将其包含的内容拆解开，但可以推测其中有很大一部分是产业产权买卖的结果。此外，在"知识产权等使用费"项目中也出现了产业产权这个词，但在这个项目中，记录的不是权利的"买卖"，而是与"使用许可"相关的交易。这两者对于知识产权交易相关权利的处置方式是不同的。

如图1-18所示，收入从2013年的约4000亿日元增加到2014年的约8000亿日元，同时支出也从之前的约9000亿日元增加到约2万亿日元，研发服务收支的赤字显著扩大。这一现象的出现可能有多个原因，但是可以推测应该是受到了日本企业将研发基地从国内转移到海外，以及日本企业将研发外包给海外企业和大学等趋势的影响。从经济产业省的《海外业务活动基本调查》中也可以看出在海外进行研发活动的成本投入趋势（见图1-19）。

日元贬值的背后

（万亿日元）

图 1-18 研发服务收支

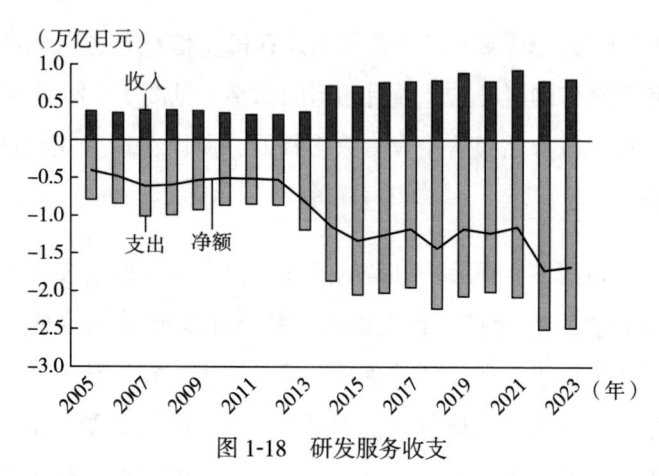

资料来源：日本银行。

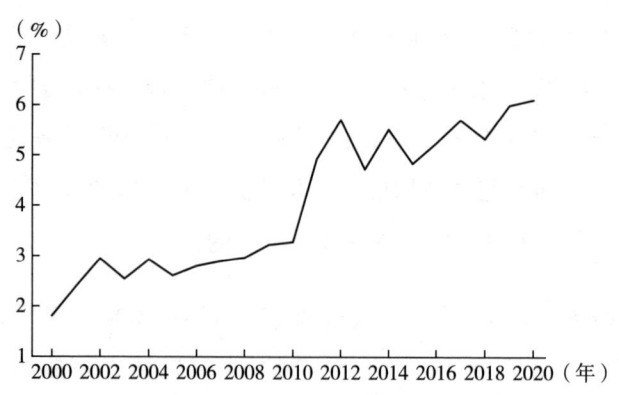

图 1-19 海外研究开发费用与国内研究开发费用的比例

（计算方式：海外÷国内）

资料来源：根据文部科学省科学技术·学术政策研究所《科学技术指标 2022》、经济产业省《海外业务活动基本调查》的数据加工制成。

如前所述，日本过去曾出现过这种论调，"制造物品或者销售这些环节虽然转移到了海外，但像研发这样高附加值的

44

经济活动会留在日本（所以不用担心）"，但是很遗憾，这种期待并没有成为现实。

被称为"思维冻结"的日本

关于研究开发服务领域的外汇持续流出，2023 年 5 月，英国经济专业杂志《经济学人》发表了一篇文章——《不仅是财政失败：老龄化经济的创新能力也在减弱》，引起了广泛注意。文章[13]讨论了老龄化经济不仅增加了财政负担，而且会导致越来越难以产生创新性技术。该问题讨论的对象并不局限于日本，而是涵盖了具有人口减少趋势的国家。文章指出，若未来无法产生创新技术，全球经济的生产力将下降，经济增长率也会被压低。

令人吃惊的是，在这篇长达 10 页的专题报道中，有一部分专门提到了日本。文章开头提到了日本与意大利同为出生率低于 2.1 的国家，并且引用了岸田文雄在 2023 年 1 月 23 日的众议院全体会议上的施政方针演说中提到的"日本正处于能否维持社会功能的紧要关头"这句话。文章的核心观点是"出生率下降（即人口老龄化）将导致创新停滞"，未来全球经济可能都会面临这一问题，而且这一现象在世界某些地区已经开始显现。

令日本感到震惊的是，文章中已经出现了这种现象的某些地区指的就是日本。文章中介绍了一个心理学上的概念：年轻一代拥有"流动型智力"，能够解决问题或创造新想法；而年长一代则拥有"结晶型智力"，可以更好地利用长年积累的知识和经验。这两种智力在经济活动中都很重要，但在创新上，流动型智力显得尤为重要，并且越是老龄化的经济体在技术创新等方面就越弱。除此之外，文章还介绍了一项关于年龄与创新的关系的研究结果，该研究发现，研究者的专利申请率在30多岁到40岁初期达到峰值，之后在40多岁到50岁之间逐渐下降。

按照经济学中的生产函数理论，正是因为通过创新提高全要素生产率（简称生产率），所以即使劳动和资本的投入保持不变，也能实现高增长率。也就是说，人口老龄化和出生率下降的社会更需要通过创新来提高生产率。然而，人口老龄化和出生率下降本身就是创新停滞的根源，因此，这个结论对日本来说无疑是绝望的。

图1-20显示出日本曾经在各个领域的辉煌与现在的没落。图1-20的标题中的"brain freeze"常被翻译为"思维冻结"，在讨论日本政治、经济和社会停滞时经常使用这个词。文章提到，伦敦政治经济学院（LSE）的经济动态中心（CEP）的分析显示，日本在基因组编辑技术和区块链技术方面的贡献几乎为零，而在氢储存技术、自动驾驶技术和计算机视觉技术等过去曾占据主导地位的领域，现在也被美国和中国所超越。更令人担忧的是，文章指出生活在老龄化社

会的年轻人比生活在其他非老龄化社会的年轻人创业的比例更低。

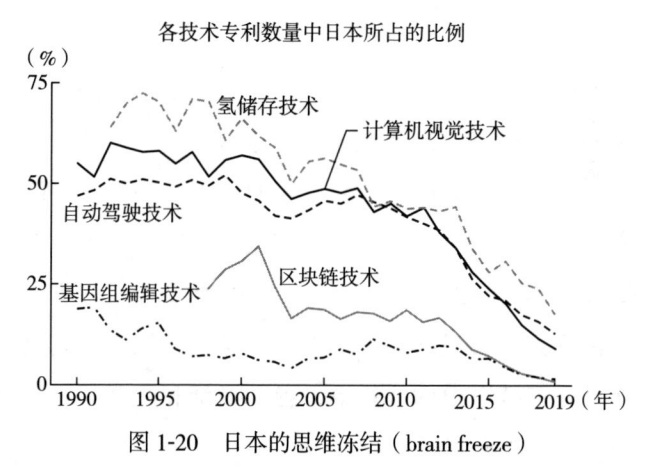

各技术专利数量中日本所占的比例

图 1-20　日本的思维冻结（brain freeze）

资料来源：In Chinese, European, Japanese and US patent offices Source: "The rise of China's technological power. the perspective from frontier technologies", by A. Bergeaud and C. Verluise, CEP discussion paper, 2022.

图片来源：《经济学人》。

考虑到这些情况，岸田政府时常试图推动初创企业领域的政策，似乎是在朝着正确的方向前进，但从根本上看，日本的人口动态使得这一道路变得艰难。当然，岸田政府也推出了标榜为"异次元少子化对策"的一揽子政策。然而文章指出，尽管新加坡对每个孩子提供高额补助（生育第一、二胎可分别获得8300美元和13 000美元的一次性现金补贴），但其出生率仍然停留在1.0，也就是说政府几乎无力逆转出生率的下降。虽然我们应当对研究结果持谨慎态度，但对日本来说这些论点听起来依然很绝望。

"思维冻结"导致服务收支赤字扩大

这种被称为"思维冻结"的现象与"研发服务"赤字不断扩大的事实相符，或者说"思维冻结"进一步反映出服务收支赤字的扩大。理性分析后，我们可以认为，在"研发服务"方面落后的国家，很难在数字相关收支上取得顺差。因此，结合《经济学人》的文章，2023 年数字相关收支赤字超过 5 万亿日元，归根结底也可以看作老龄化等人口问题的恶果。在日元持续贬值的背景下，各种经济和社会问题最终也都指向了人口动态因素。

无论如何，近年来，日本外汇流出的结构已开始在数字领域、咨询领域以及研发领域等之前未受到特别关注的领域显现。笔者认为，在审视日元汇率现状和前景时，越来越有必要考虑这些结构性的变化。

促进无形资产投资的创新盒税制

面对这种"思维冻结"的情况，日本政府并非毫无对策。2023 年 12 月 14 日，自民党与公明党决定了 2024 年度的税制改革大纲，其中提出了创新盒税制，旨在鼓励企业在日本国内进行研究与开发，提高国际竞争力。在该税制下，自2024年4月起，通过国内研究开发获得的专利或著作权所得的30%可从应税所得中扣除。减税对象包括企业的知识产权被第三方使用时的许可收入以及出售知识产权时的所得。该税制预计于2025年4月正式实施，适用期为7年。

自岸田政府成立以来，他们标榜的"新资本主义"理念一直在强调国内投资活性化的重要性。2023年6月2日，岸田文雄在国会闭会后的记者会上表示将总结出"能够与世界其他国家竞争的投资支持政策"。

"拿出能够与世界其他国家竞争的投资支持政策"这句话在岸田文雄后来的发言中也反复出现。仅从字面来看，"投资支持政策"容易让人联想到外资企业在日本境内设厂（也就是绿地投资）或者日本企业的设备投资。然而，"投资"包括有形资产投资和无形资产投资。前者象征性地促进了对内直接投资，而且实际上，关于为吸引创办半导体工厂向外资企业提供补贴的报道也非常频繁出现。后者则是通过强化知识产权领域的创新盒税制来推动无形资产投资。

不过，两者相互关联，区分开来的意义可能不大。尽管创新盒税制直接促进无形资产投资，但它与对内直接投资余额的提升并非无关。如果日本推进研究开发中心设立，也将有助于增加对内直接投资余额。同时，通过对内直接投资，工厂和生产设备的集聚也可能推动研发中心的建立。2023年12月5日，美国半导体巨头英伟达的首席执行官黄仁勋与当时的经济产业大臣西村在经济产业省面谈，黄仁勋透露了其在日本设立研发中心的计划，引起了广泛报道[14]。由此看来，有形资产投资和无形资产投资在某种程度上是密切相关的。

此外，对内直接投资的经济效应较为直观。如果建立大型制造厂，就会产生相关的就业机会，增加收入，促进当地消费和投资。近年来，熊本县菊阳町吸引台积电（TSMC）设厂的案例便是一个很好的证明。2023年7月3日发布的地价数据显示，因为TSMC在此设厂，熊本县菊阳町部分地区的地价同比上涨了19%，九州七县整体上涨了2.2%。而地价上涨是经济活动繁荣的直接指标。鉴于日本企业回归国内的希望渺茫，外资企业在日本的投资必然会被期待成为经济增长的推动力。第5章将会进行有关对内直接投资的详细讨论。

全球范围内推进的创新税制

经济产业省"关于促进我国民间企业创新投资的研究会"提供了创新盒税制引入的基础资料。该资料指出，相关的知识产权范围包括"专利权""受著作权保护的软件"等，所涉及的收入包括"知识产权的许可收入""知识产权的转让收入""包含相关知识产权的产品的销售收入"。为了创造符合制度要求的知识产权，研发必须"在国内进行"和"自己完成"，这体现了促进对内投资的意图。通过符合条件的知识产权获得的企业收入可以享受税收优惠，这就是创新盒税制[15]。在国际范围内看，研发税制和创新盒税制在欧洲自21世纪初便已开始实施，亚洲也逐渐采取相关措施[16]。

尽管美国并不使用"创新盒税制"这一名称，但也有类似的框架。美国出口税收优惠（FDII）允许美国公司对在美国国外获得的特定收入享受37.5%的所得扣除（2026年1月1日后将缩减至21.875%）。这里的"在美国国外获得的特定收入"除了无形资产（知识产权）的使用费外，还包括在美国制造并出口的高附加值商品的销售收入。此外，还有一个名为境外无形资产所得（GILTI）的框架，旨在对位于低税国家的美国公司的无形资产收入征税，形成一种惩罚性制度（FDII如同"甜头"，GILTI如同"鞭子"）。FDII和GILTI的政策结合，旨在防止美国的高附加值就业和资本外流，这与创新盒税制的政策目的相似（具体税制机制和解释请参阅税务专家的讨论）。

无论如何，创新盒税制在全球范围内都有类似的发展。在"研发服务"赤字扩大后才开始关于创新税制的讨论，可能会被认为有点"太晚"，但日本也因此开始朝着正确方向迈进，从这个角度来看，也有值得肯定的地方。

外汇供需的影响

无论是有形资产还是无形资产，其对促进国内投资的影响对于预测日元汇率而言都是重要的因素。因为创新盒税制旨在提升日本企业及日本经济的竞争力，而这最终都会通过贸易平衡影响汇率。换句话说，无论是将在第5章讨论的促进对内直接投资的政策还是创新盒税制，都是为了能够提高日本向海外销售（出口）商品和服务的能力。因此，从长期来看，促进国内投资可以视为一种抑制日元贬值的措施，旨在缩小贸易收支赤字（或恢复顺差）。

正如本章反复讨论的那样，与"新时代赤字"相关的服务收支赤字在未来可能会继续扩大，对此感到悔恨已无济于事。然而，显然日本在研发领域相对节省时间和金钱的做法，可能导致数字相关收支赤字的扩大。从其他服务收支的项目来看，"研发服务"的不足可能是造成"通信、计算机及信息服务"以及"专业和管理咨询服务"领域出现大额赤字的根本原因。关于研发支出，无论是从绝对金额还是从销售比率来看，GAFAM（谷歌、苹果、Facebook、亚马逊、微软）都远远超过日本企业，这一点已广为人知[17]。

综上所述，日本所面临的"新时代赤字"似乎是必然的结果。创新盒税制作为应对这一趋势的措施，虽然实施得比较晚，但可以成为阻止这一不利局面的手段之一。

当然，即使这些效应在国际收支统计中显现出来，也仍然是一个相对遥远的话题。然而，从分析外汇供需的角度来看，这仍然是一个值得长期评估的重要议题。

从韩国和瑞士的例子中所体会到的

根据之前提到的《经济学人》的文章,日本在知识产权领域的退步似乎与少子化和老龄化密切相关,而且是一种不可避免的趋势。然而,韩国同样正在面临人口问题,而且矿物燃料进口规模很大,虽然韩国 2022 年因资源价格上涨导致贸易收支赤字扩大,但基本上维持了贸易顺差(见图 1-21)。到 2023 年,韩国虽有小幅赤字,但恢复收支平衡已指日可待。相对而言,日本的贸易收支赤字在 2022 年创下了历史新高(约 20 万亿日元),2023 年则是历史第四高赤字(约 9.3 万亿日元),在这方面,两国之间的差距显然很大。正如前述图 1-7 所示,过去几十年中,日本在研发领域的人力和财力投入明显落后于美国、韩国及其他主要国家,因此无论是服务贸易还是产品的海外销售能力减弱都不足为奇。当然,事实要复杂得多,但是依然可以推测,对研发的忽视导致日本在对外竞争中处于劣势。

反过来说,韩国同样作为一个人口减少的经济体,却仍能保持对外竞争力,这也是值得关注的一个例子。如果未来能够实施正确的政策并在外部环境条件上取得进展,那么日本即使不能恢复贸易顺差,至少也有可能缩小赤字。值得一提的是,其他发达国家中,瑞士也是人口减少的经济体,但它却能够维持并扩大贸易顺差。这得益于其在钟表和药品等高附加值产品上的专注，同时其矿物燃料进口量相对较少。因此，即使在 2022 年资源价格暴涨的情况下，瑞士也保持了合理的贸易顺差（见图 1-22）。虽然本书没有足够的篇幅来深入比较日本、韩国和瑞士的经济结构，但这是一个未来值得研究的主题。

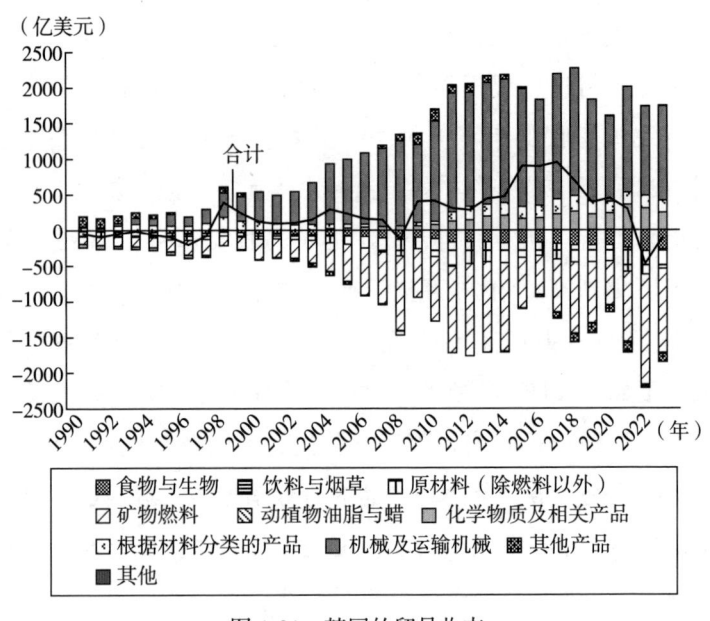

图 1-21 韩国的贸易收支

资料来源：macrobond.

在考虑日元汇率的现状和未来时，笔者一直主张供需结构的变化是日元持续贬值的原因之一，因此岸田政府通过创新盒税制等措施促进国内投资的态度值得期待。从更宏观的视角来看，创新盒税制和促进对内直接投资的政策可以被视为日本经济甚至日本社会整体"重新启动"的良方。虽然不会立竿见影，而且也不一定来得及，但至少政府已经推出了正确方向的政策，这一点我们应该积极看待。

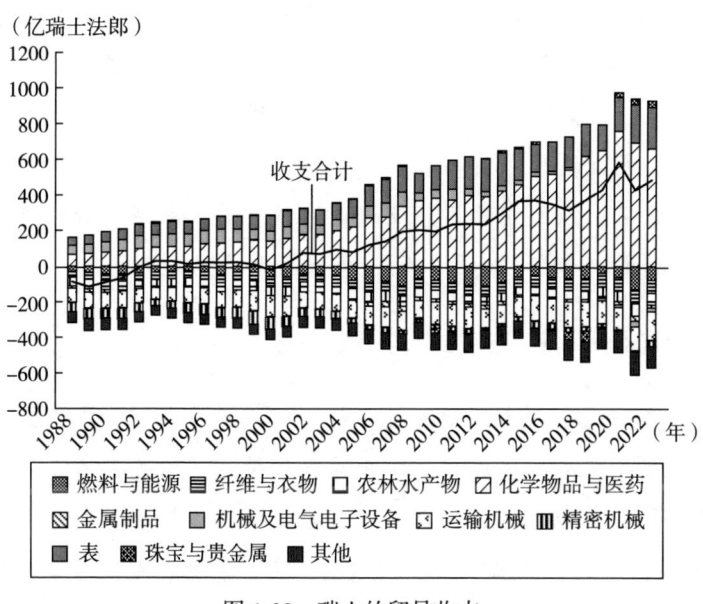

图 1-22 瑞士的贸易收支

资料来源：macrobond.

专栏① 透过服务收支看制造业行动变化

制造业的生产转移带来外资收入扩大

制造业的海外生产转移被广泛认为是日本贸易收支恶化的原因之一，但同时它也是服务收支改善的一个意外因素。正如本章所讨论的，"产业产权等使用费"反映了日本企业从海外子公司和外资企业获得的特许权使用费等收入。根据前述图 1-8，日本的其他服务收支中唯一的顺差项目"知识产权等使用费"，实际上是由"产业产权等使用费"的顺差支撑的。尽管最近向外资企业提供的订阅式视频、音乐流媒体服务和软件等的支付增加，导致"著作权等使用费"的赤字呈上升趋势，但由于"产业产权等使用费"的顺差非常可观，因此这两项的总和"知识产权等使用费"依然保持顺差。这表明从经常项目收支平衡的角度看，制造业的海外生产转移既有赤字扩大的一面，也有顺差扩大的一面。

服务收支揭示制造业的结构变化

这一点在本章介绍的日本银行评论《从国际收支统计角度看服务贸易的全球化》中也受到了关注。随着日本企业推进海外生产转移，国内企业收到的包括特许权使用费在内的"产业产权等使用费"也随之增加，因此能够发现汽车生产数量与这种收入变化呈现一种稳定的关系（见图 1-23）。例如，在贸易收支出现慢性赤字趋势的前一年——2010 年，"产业产权等使用费"的收入约为 2.3 万亿日元，而到了 2023 年则膨胀至约 7.2 万亿日元，几乎是 2010 年的三倍。当然，仅靠这些特许权使用费无法弥补日本的贸易赤字。然而，制造业的海外生产转移导致的出口损失并不完全直接影响日元的抛售，服务收支中的"产业产权等使用费"的一部分实际上也回流到了日本。这一现象，尽管可以被视为"仅是母子公司之间的交易结果"，但它清晰地反映了日本经济的结构性变化。

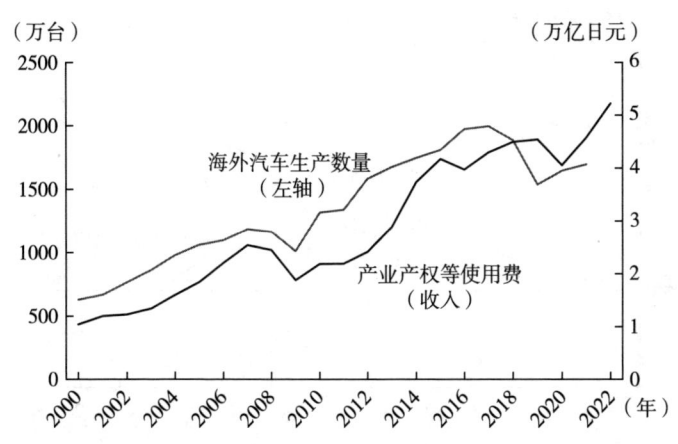

图 1-23　产业产权等使用费（收入）及海外汽车生产数量
资料来源：日本银行、日本汽车工业协会。

不过，海外生产的增加必然需要运输服务，这也会产生外汇支出。这在服务收支中体现为运输收支，特别是海上货物运输服务的收支。根据图 1-24，自 2010 年以来，净收入支出显示"产业产权等使用费"的顺差不断扩大，而海上货物运输服务的顺差自 2017 年开始减少，并在 2019 年转为赤字，此后一直呈扩大趋势。然而，海上货物运输服务赤字的扩大同样具有双面性。日本银行评论分析称："日本制造业的海外生产占比上升，加上与海外航运公司的竞争加剧，可能促进了日本航运公司利用海外子公司增强竞争力的行为。"如果日本的航运公司利用海外子公司增加收益，那么尽管运输收支（尤其是海上货物运输服务的收支）的赤字扩大，这些海外子公司的收益也仍将作为初次收支计入统计。

（万亿日元、累计①）

图 1-24　产业产权等使用费（收支）及海上货物运输服务（收支）

① 2000 年以来的累计。

资料来源：日本银行。

尽管存在资金是以股息形式回流到日本还是作为再投资收益留在海外的问题（近年来后者的比例有所增加），但海上货物运输服务的赤字并不一定是完全纯粹的日元卖出。因此，在国际收支构成项目之间也存在资金流动，实际的外汇供需在某些方面相互抵消，达到平衡。最终，所有这些都会反映在作为总体指标的经常收支中，但在经常收支中也可能存在未发生外汇交易的项目。因此，笔者认为应当排除这些项目，从现金流基础进行评估。相关内容将在第 2 章中详细说明。

日本正在逐步摆脱加工贸易体制

无论如何，从产业产权等使用费的顺差增加、海上货物运输服务的赤字增加等可以看出日本正在逐步摆脱原材料进口、国内生产、再向海外出口的加工贸易体制。相反，自 21 世纪初以来，海外生产的产品在当地销售或向第三国出口的全球供应链体系已成为主流（见图 1-25）。考虑到这些，我们可以重新认识到，日元贬值改善了出口制造业的价格竞争力、提升了出口数量，并在国内经济中形成了生产、收入和消费的良性循环，那种传统的外溢路径已不再是日本经济的主要增长路径。

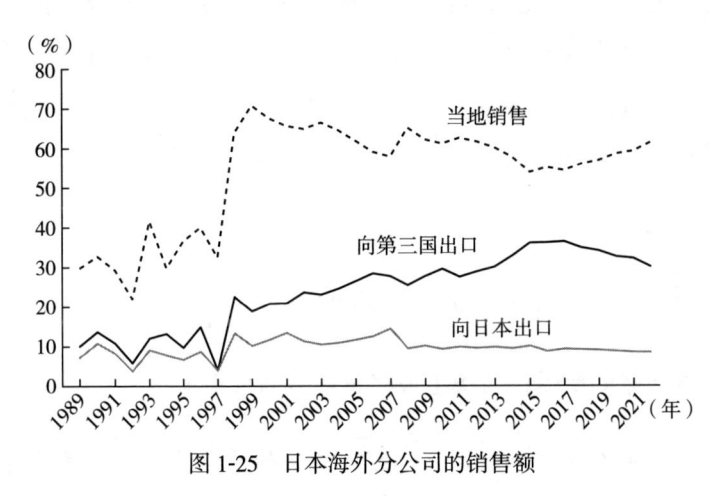

图 1-25　日本海外分公司的销售额

资料来源：INDB.

随着贸易体制的变化，服务收支中与产业产权和海上货物运输服务相关的外汇收支也在发生变化，因此仅通过贸易收支来捕捉制造业经济活动的资金流动信息已变得更加困难。从外汇供需的分析角度来看，关注贸易与服务收支的重要性正在上升。在过去分析外汇供需时，通常是先关注贸易收支，然后再看过去投资的成果，即初次收支的动态。由于后者的巨大顺差，日本经济常常保持顺差，因此"日本是经常收支顺差大国，迟早会回归日元升值"的论调占据主流，而事实上日元升值的时期也确实持续了较长时间。当然，关注初次收支在现在和将来依然重要。

然而，随着日本逐渐摆脱加工贸易体制，全球服务贸易的国际化程度不断加深，从服务收支中提取的外汇供需信息的相对重要性也显著增加。虽然目前服务收支的规模尚未达到贸易收支或初次收支的水平，但展望未来，服务收支的潜在变化幅度似乎非常大。笔者认为，追踪这一动态将有助于理解日本经济的变化，同时也标志着日本经济进入了一个新的时代。

专栏② 日本有多依赖旅游收支

通货膨胀的要因：历史上最严重的劳动力不足

截至本书撰写时，日本旅游收支的顺差已达到自有统计以来的最高值。如今，依靠制造业出口积累贸易顺差的时代已结束，以入境旅游为中心的旅游产业作为日本主动获得外汇的宝贵手段，将继续是日本经济的重要战略领域。然而，正在经历世界最快速度的老龄化且受劳动力短缺制约的日本，其获取旅游收支顺差的扩展空间究竟还有多大呢？即便是不从事经济和金融分析的普通人，也能在日常报道和亲身经历中感受到日本社会普遍的劳动力短缺问题。

第1章 "新时代赤字"的本质

想要了解劳动力短缺问题,有多种切入点,但最传统的方法是查看日本银行短观(短期经济观测)中的"就业和人力指数"调查(回答"过剩"企业的比例减去回答"短缺"企业的比例)。截至本书撰写时,2024年3月调查数据显示,全规模、全产业的"就业和人力指数"调查记录为 –36。从历史角度看,这确实是一个非常大的人员"短缺",但与20世纪90年代初期泡沫经济崩溃后经历的超过 –40 的人员"短缺"相比,称日本整体处于"历史上最严重的劳动力短缺"似乎还有些过早。然而,按行业来看,确实有行业可以称为"历史上最严重的劳动力短缺"。与大约10年前(2013年3月)开始讨论"安倍经济学"时相比,当时被认为劳动力"过剩"的行业如今也都转为"短缺"(见图 1-26)。在局部观察日本经济时,劳动力短缺导致的功能失调问题显而易见,而且在过去10年中有着相当大的变化幅度。

很难想象,即使劳动力短缺,名义工资却没有上涨,这一点让人捉摸不透。截至本书撰写时,2024年的春季劳资谈判实现了33年来的首次增长,随之而来的"日本终于进入了通胀时代"的气氛逐渐高涨,大家对其可持续性也开始关注,而推动这种变化的劳动力短缺确实发挥了作用。当然,从"从通缩到通胀的转变"来看,可以给予这一变化积极评价。但在劳动力短缺的前提下,转向通胀的经济体是否能够走上正常的增长轨道,这个问题比较复杂,在此不做深入探讨,但它确实是一个值得关注的议题。

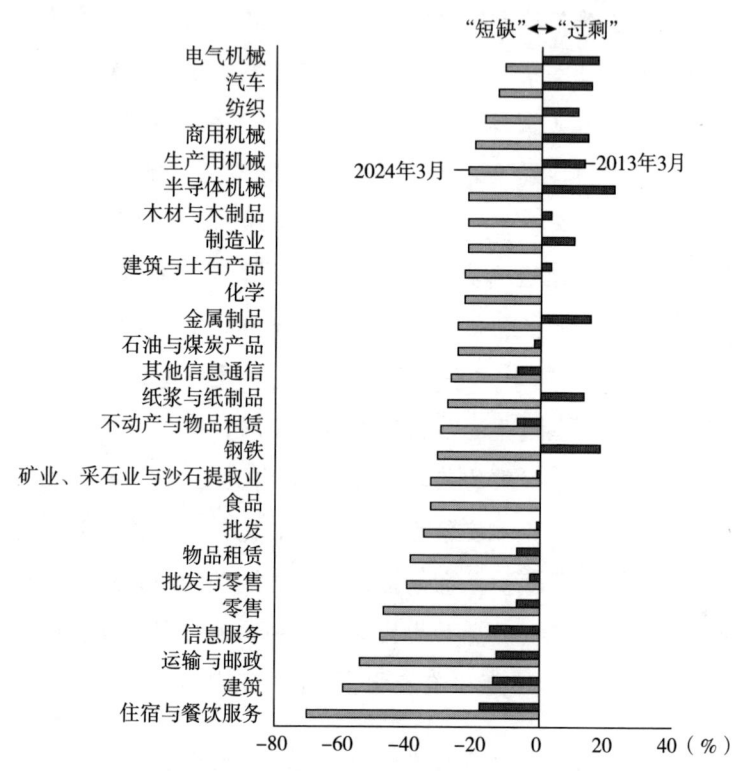

图 1-26　按行业分类的就业与人员判断 DI
（2013 年 3 月对比 2024 年 3 月）

资料来源：日本银行。

在供需两方面受到压力的劳动力短缺

如图 1-26 所示，住宿与餐饮服务领域的劳动力短缺已经达到极为严重的程度。在 2023 年 12 月的调查中，这一领域创下了历史最低纪录，而 2024 年 3 月的调查显示，该领域的劳动力短缺达到了 −70，情况依然严峻。紧随其后的是建筑业（–59，2024 年 3 月调查）和运输与邮政（–54），这些行业也创下了历史性的降幅，但住宿与餐饮服务的劳动力短缺尤为突出。我想读者们在日常生活中已经能够体会到这些行业的实际情况。在今天的日本，餐厅减少营业天数或缩短营业时间、酒店放弃满房营业的现象已经不再罕见。这是少子化与老龄化带来的必然结果，其对经济发展的制约正在逐渐显现。在建筑领域，由于劳动力短缺和材料价格飙升而导致的施工延误；在运输与邮政领域，公交车和电车减少班次，这样的新闻也常常见诸报端。

特别是在住宿与餐饮服务业中，一提到劳动力短缺，人们首先想到的是大量涌入日本的游客，即入境需求，但这并不是唯一的原因。当然，入境需求的急剧增加也推动了劳动力短缺以及名义工资上升。从这个意义上说，日本正经历"通胀进口"。

然而，除了需求因素，重叠的供给因素也使得住宿与餐饮服务业面临困境。众所周知，在疫情的三年（2020～2022年），日本在"请求"的名义下，被迫进行半强制性的居家隔离，影响了旅行和外出就餐等活动。换句话说，日本的政策负担局部集中在这些行业上。结果，虽然在 2023 年社会全面正常化，但退出住宿与餐饮服务业的工作人员再也没有回归该行业，这是本书撰写时的现状。住宿与餐饮服务业也是旅游产业的一部分，也是入境需求的承接者，但应对这些需求的劳动供给在疫情相关政策实施后显著减少，这是一种很严重的情况。

从除日本银行短观以外的统计数据中也可以看出以住宿与餐饮服务业为中心的劳动力市场的严峻形势。根据日本总务省的"劳动力调查",对比 2019 年(即疫情前)和 2022 年各行业的就业人数,住宿与餐饮服务业的降幅(9.5%)远超其他行业,建筑业则以 4.2% 的降幅紧随其后(见图 1-27),这两个行业在短观中都显示出了严重的人手不足。2023 年,此情况有所改善,但住宿与餐饮服务业劳动力的减少幅度依然达到 5.5%。

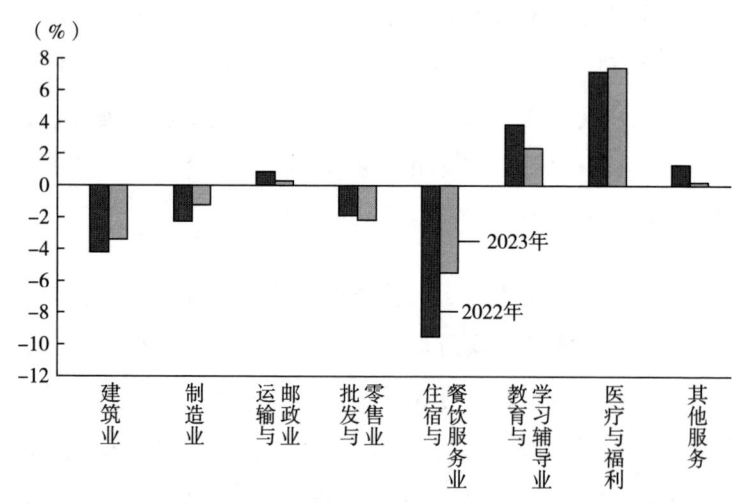

图 1-27　各行业就业人数变化率(2019 年以来的变化率[①])

① 仅比较占就业总人数 5% 以上的行业。

资料来源:总务省劳动政策研究与研修机构。

此外,住宿与餐饮服务业也被认为是依赖外国劳动力的行业。从外国就业者的行业分布来看,住宿与餐饮服务业仅次于制造业、批发与零售业。对比2019年与2022年（见图1-28），只有制造业和住宿与餐饮服务业的外国就业者比例显著下降。虽然无法详细分析其背景，但在疫情期间，与其他国家相比，日本的边境管控（也就是闭关政策）持续时间特别长，导致许多外国就业者被排除在外。此外，由于日元大幅贬值，选择在日本工作并获得工资的激励也大幅减弱，这一点也不可否认。

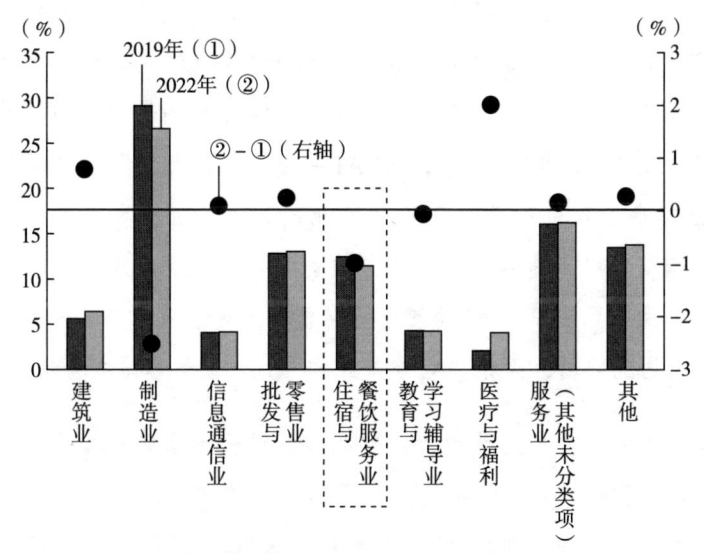

图1-28 外国人就业者在各行业的占比（对比2019年与2022年）
① 仅比较占就业总人数5%以上的行业。
资料来源：厚生劳动省。

如果入境需求在短期内继续强劲，住宿与餐饮服务等相关行业的名义工资将有可能上涨，这些行业所提供的服务价格（简单来说，就是外出就餐的费用或酒店费用等）也可能会上涨。这些无疑会推动日本的整体物价上涨,这样看来,似乎正是"摆脱通缩"这一口号所期待的现象。然而,由于缺乏劳动力,不管需求有多大,总有一天供给将会难以满足需求。因此,旅游收支的顺差增长也会被迫停止。从外汇供需来说,这也是一个重要的议题。

"希望AI夺走工作"的讽刺

放眼全球,随着AI(人工智能)技术的快速发展,越来越多的人担心"被夺走工作的劳动者会增加"。然而,根据日本的现状,社会上反而是出现了一种相反的情绪,即"希望AI夺走工作"。当然,"被AI夺走工作的行业"和"希望AI夺走工作的行业"并不一定相同。例如,失去工作的银行职员很难迅速转型为住宿与饮食服务行业或建筑行业的人才。我们无法保证AI的使用会在整个宏观经济中顺利解决这样的错配问题,因此"AI夺走工作"这一议题容易成为焦点。

然而,考虑到劳动力短缺在日本被视为通胀持续的一个因素,因此"AI填补劳动缺口"甚至可能成为一种期待。不仅如此,如果"通过AI提高生产力来实现工资上涨",那么劳动密集型行业也会更容易招人。在人口以世界最快速度减少的日本,"AI夺走工作"未必只是一种威胁。

唯一的外汇收入来源的局限性

回到住宿与饮食服务业中劳动力短缺的话题。正如之前

第1章 "新时代赤字"的本质

所说到的，现今旅游收支几乎可以说是日本唯一能主动且稳定获得外汇的项目。然而，从现在到未来，日本将面临的劳动力短缺暗示着旅游收支的顺差最终可能因供给受限而出现瓶颈。尽管日本在外国人中受欢迎程度很高，但其接待能力的极限总会到来。

当然，即使旅游收支顺差持续增长变得困难，但如果能够保持高位，或许也不算太坏。然而，正如本章所讨论的那样，日本的旅游收支顺差必须持续增长。尽管入境需求旺盛，日本的服务收支却因数字相关收支等"新时代赤字"而加重了赤字。正如之前讨论的，到2023年，日本的服务收支整体赤字达到2.9158万亿日元。再次强调，这是旅游收支创下的历史最高顺差（3.6313万亿日元）与其他服务收支历史最高赤字（5.9040万亿日元）相互抵消的结果。如之前所见，以"新时代赤字"为主要组成部分的其他服务收支赤字在未来可能仍有扩大空间。

此外，考虑到旅游行业劳动力极度短缺的现状，旅游收支顺差瓶颈的到来似乎并不遥远。如果这样想，服务收支赤字继续扩大的可能性会更大。"旅游立国"或"款待"这一说法毫无疑问在未来的日本经济发展道路和优势中将成为重要组成部分。然而，所有经济活动都必须依赖生产要素（人、物、钱）。住宿与餐饮服务业作为"款待"的核心，当其面临劳动力供给限制时，基于旅游收支顺差扩大的讨论就是非常危险的。

2022年3月开始的日元贬值，起初主导的观点是只要在美联储开始降息之前忍一忍，情况就会改善（日元就会升值）。对此，笔者在前著和本书中所贯穿的问题意识都是事实并非如此，日元贬值可能是结构性问题。笔者认为，无法满足入境需求的日本劳动力市场现状也是导致结构性日元贬值的深层原因之一。

专栏③ 数字赤字仅限于日本吗

只有日本需要面对数字赤字的问题吗

在讨论"日本的数字赤字正在扩大"时，常常会被问到，既然数字服务是美国独占鳌头，那么数字赤字应该不只是日本独有的问题吧？笔者也曾这样认为。然而结论是，虽然美国的数字服务确实独占鳌头，但日本的赤字幅度在全球范围内仍然是巨大的。

图 1-29 试图从 OECD（经济合作与发展组织）统计数据中比较日本、美国和欧洲主要国家数字收支的情况。对于欧盟，除了德国和法国这两个大国，还加入了在通信、计算机及信息服务领域表现特别突出的荷兰和芬兰。数字相关收支的分类遵循本章中提到的日本银行评论的观点，这里合计了"通信、计算机及信息服务""专业和管理咨询服务""知识产权等使用费（不包括研发许可证费和产业产权等使用费）"这三项。然而，由于各国（特别是在欧洲）对"知识产权等

使用费"的详细分类并没有公开,难以排除"研发许可证费"和"产业产权等使用费",因此完全的横向比较是有难度的。但这一讨论对于了解日本的数字相关收支现状仍具有参考价值。

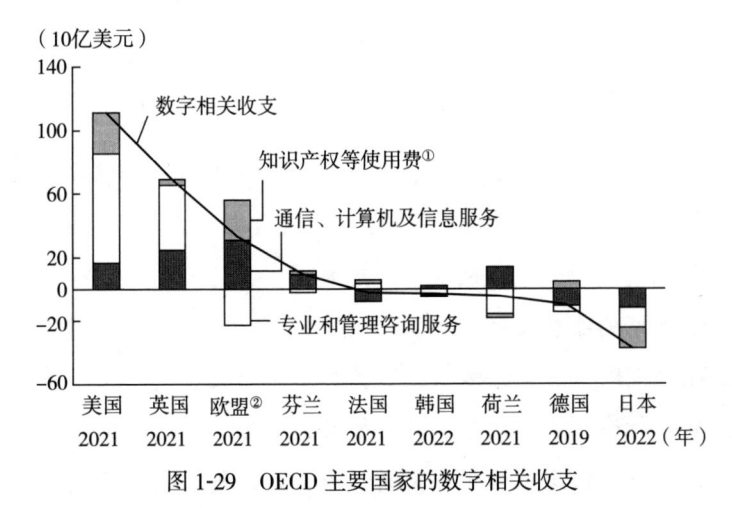

图 1-29 OECD 主要国家的数字相关收支

① 统计范围为除产业产权和与研发相关的许可使用费外的"软件、音乐、视频、学术产品复制和发行的使用许可费"。

由于统计的限制,欧盟、法国、荷兰、芬兰的数字相关收支包括所有的知识产权使用费。需要注意的是,日本在 OECD 统计中尚未公布知识产权的细目,笔者通过与财务省的统计数据对照后进行了调整。

② 欧盟数据不包括爱尔兰。

资料来源:OECD.

美国、英国和欧盟三强

具体来看,数字相关收支中,美国的顺差为 1114 亿美元,英国的顺差为 692 亿美元,美国的顺差幅度确实较大。然而,欧盟(不包括爱尔兰)也录得了 332 亿美元的可观顺差。由于全球咨询公司的总部很多集中在英国，所以其专业和管理咨询服务的顺差显著增加。这意味着，虽然这些服务也属于数字相关收支的定义，但实际上其中也包含了大量非数字元素。

之所以不将爱尔兰纳入欧盟的统计，是因为爱尔兰作为主要参与者，在全球范围内的影响力远超欧盟其他国家，简单地将其作为一个成员国来考虑并不合适。

在其他欧盟成员国中，芬兰数字相关收支显示为顺差，而德国和法国分别出现了 102 亿美元和 24 亿美元的赤字，荷兰也有 48 亿美元的赤字。这表明，除了这些主要国家，其他国家的小幅顺差共同构成了欧盟整体的数字相关收支。因此，难以用一句话来概括欧盟的数字相关收支特点。但正如后文所述，在"通信、计算机及信息服务"这一纯数字领域，许多欧盟成员国仍在维持顺差，因此可以说，欧盟的数字相关收支并不薄弱。

相比之下，日本则出现了 377 亿美元的赤字，这在 OECD 成员国中是一个显著的高值。

欧盟数字相关收支的核心：爱尔兰

爱尔兰在数字相关收支中扮演着举足轻重的角色，因此前文也提到了需要单独讨论其数字收支。其影响力在图 1-30 中就可见一斑。尤其在通信、计算机及信息服务这一领域，爱尔兰有着全球最大的数字顺差，达到了 1940 亿美元，而这一数字是美国该项目顺差的两倍，英国的八倍。如果将爱尔兰纳入统计，欧盟的数字相关收支将膨胀至 813 亿美元。因此，爱尔兰几乎决定了欧盟的数字相关收支，这也是在讨论中将其排除的原因（见图 1-31）。

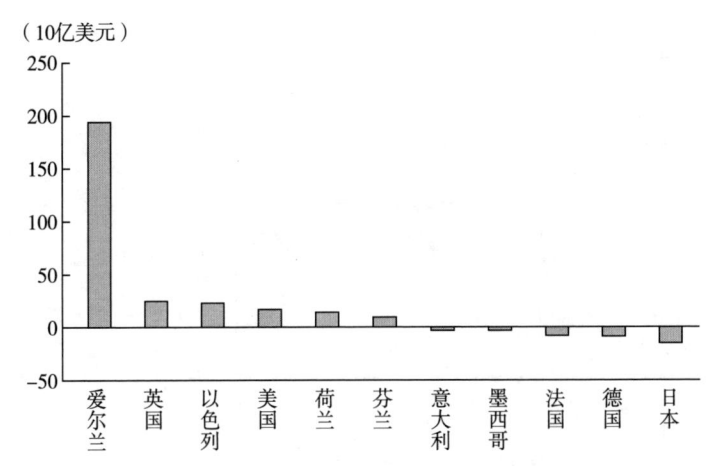

（10亿美元）

图 1-30　OECD 主要国家的通信、计算机及信息服务（2021 年）
资料来源：OECD.

这一切的原因是什么呢？众所周知，爱尔兰通过低企业税率吸引了大量全球企业，这一策略在国际上引发了广泛争议。此外，爱尔兰的公用语言为英语，这一点在欧盟较为少见，且其受教育程度较高（如大学入学率高），这也是众多跨国公司在此设立全球总部或欧洲总部的原因。自英国脱欧以来，迁往爱尔兰的企业数量也有所增加。

总的来说，爱尔兰作为一个独特的国家，其服务收支状况集中体现了这种特点。爱尔兰通信、计算机及信息服务强大的背后，有全球最大的咨询公司埃森哲以及 GAFAM（谷歌、苹果、Facebook、亚马逊、微软）中的一部分在爱尔兰设立的欧洲总部，使其成为欧盟"数字相关收支的核心"，在世界范围内都有着极大的影响力。

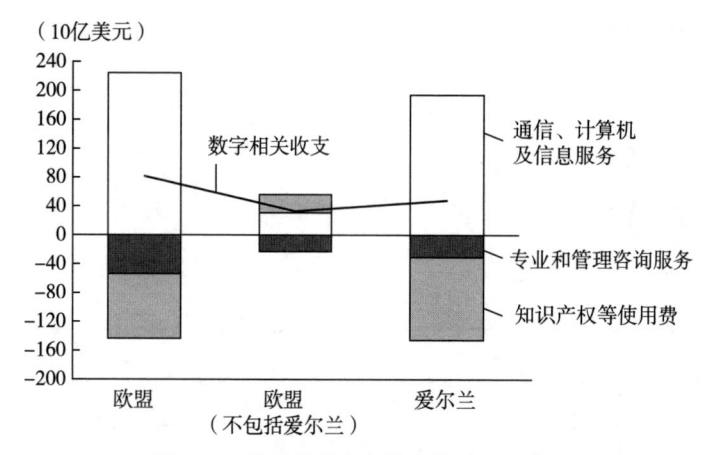

图 1-31　欧盟的数字相关收支（2021 年）

资料来源：OECD.

虽然以低税率吸引全球企业的做法不被推荐（这一点需要强调），但在进行数字相关收支的国际比较时，爱尔兰的存在不可忽视。因此，笔者选择将其排除，以便使整体讨论更为清晰。值得注意的是，这种依赖外资企业的增长模式对国民收入的益处是有限的，这在第 5 章中也会提到。

"通信、计算机及信息服务"的国际比较

在下文中，将对构成数字相关收支的三个项目（通信、

计算机及信息服务（见图 1-32）、专业和管理咨询服务、知识产权等使用费）进行国际比较。

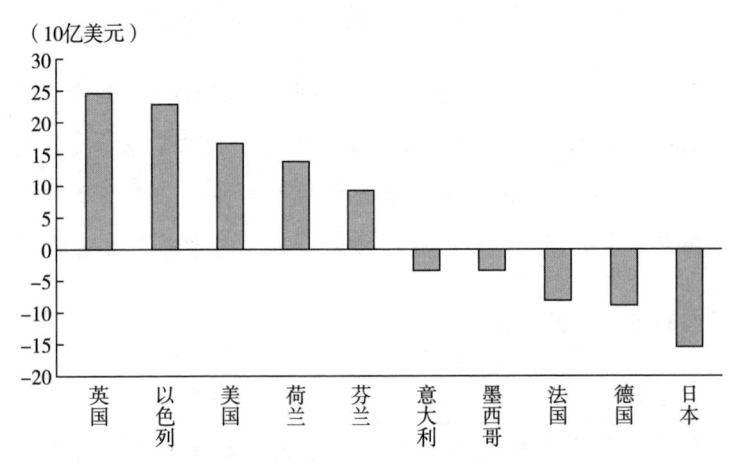

图 1-32　OECD 主要国家的通信、计算机及信息服务（2021 年）

注：关于 OECD 国家的顺差和逆差排名（排除最大顺差国爱尔兰），以上是顺差排名前五和逆差排名前五的国家。

资料来源：OECD.

首先，若纯粹考虑数字领域的国际优势，仅比较通信、计算机及信息服务这一项就能得到更为清晰的结果。进行国际性比较后能得出，除爱尔兰之外，英国、以色列和美国位居前三。众所周知，以色列被称为"中东的硅谷"，在 ICT（信息与通信技术）市场上具有显著影响力，其大企业在一些市场中占据主导地位。紧随其后的是荷兰（138 亿美元）和芬兰（92 亿美元），这两个国家合计录得了 230 亿美元的顺差，占欧盟国家（不包括爱尔兰）通信、计算机及信息服务顺差（307 亿美元）的近 75%。荷兰有许多全球大型咨询公司的总部，芬兰则有全球知名的通信企业。此外，瑞典（49亿美元）、波兰（46亿美元）、西班牙（39亿美元）和比利时（33亿美元）等国也实现了该项目的顺差。

相比之下，日本在通信、计算机及信息服务上的赤字高达154亿美元，成为OECD国家中赤字最大的国家。德国的赤字仅为89亿美元，远低于日本。虽然并非只有日本在面对数字赤字的问题，但在这一领域，日本的劣势尤为明显。

美国的盈利支柱是咨询服务

接下来，我们来看看"专业和管理咨询服务"与"知识产权等使用费"的国际比较。关于数字相关收支，许多人对在数字服务上美国独占鳌头的印象可能源于GAFAM。然而，美国的数字相关收支顺差（1114亿美元）是由"专业和管理咨询服务"的689亿美元、"知识产权等使用费"的258亿美元以及"通信、计算机及信息服务"的167亿美元构成的。尽管据说GAFAM掌控了超过60%的全球云基础设施市场，但"通信、计算机及信息服务"的顺差占比并不大，这一点让人意外。可能是由于统计上存在的某些因素，例如像前文提到的爱尔兰一样，美国企业的收入和利润可能有在海外销售并获取利润的部分，对此需要更详细的调查。在统计上，数字服务中"美国独占鳌头"这种说法实际上更适用于除"通信、计算机及信息服务"以外的两个项目，这两个项目均是美国记录的全球最大顺差。

第1章 "新时代赤字"的本质

　　首先比较各国家的"专业和管理咨询服务"。这一项是美国数字相关收支中最大的顺差来源，美国以极大的优势位居全球第一，远超该项目顺差为 409 亿美元且位居第二的英国（见图 1-33）。如果进一步细分"专业和管理咨询服务"的话，"专业管理和公共相关咨询服务"达到了 425 亿美元的顺差，紧随其后的是"广告、市场调研及舆论调查服务"（184 亿美元）。后者可能与美国拥有众多著名战略咨询公司有关，因此与数字相关收支的讨论略有不同。不过，区分数字服务与咨询服务主要是为了方便分析，实际上二者可能存在相互依存的关系。

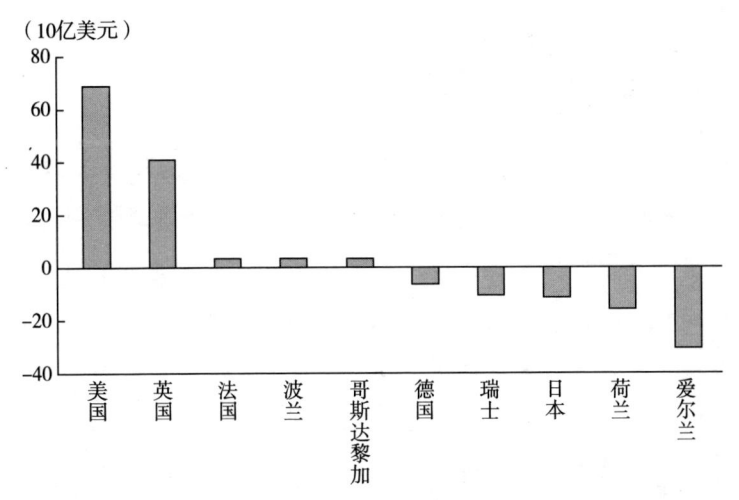

图 1-33　OECD 主要国家的专业和管理咨询服务（2021 年）
资料来源：OECD.

　　相比之下，日本的"专业和管理咨询服务"则出现了 115 亿美元的赤字，赤字规模在 OECD 国家中位列第三。值

75

得一提的是，爱尔兰的赤字最大，达到 307 亿美元，其次是荷兰，159 亿美元。然而，这两个国家的赤字性质可能与日本有所不同。这些国家是一些全球咨询公司的总部，它们会向"真正的母国"进行汇款。如前所述，爱尔兰和荷兰在"通信、计算机及信息服务"中获得了巨大的顺差，因此理解这一事实是非常重要的。需要强调的是，我并不支持像爱尔兰和荷兰那样通过低税率吸引全球企业的做法，这种做法在 OECD 的谈判中已不再允许。然而，这种狡猾的做法导致一些本不应在数字服务领域具有比较优势的国家获得了巨额顺差，而与此同时，日本在数字贸易中的"独败"现象逐渐凸显。

在知识产权领域，美国也压倒性领先

接下来看看美国的"知识产权等使用费"。如图 1-34 所示，美国在该项目所获得的 813 亿美元顺差在全球范围内也是极为巨大的数字。然而，如前所述，许多欧洲国家的"知识产权等使用费"并未详细公开。在讨论数字相关收支时，应将"知识产权等使用费"分为包括国内制造业海外生产带来的特许权收入等的"产业产权等使用费"以及包括软件、音乐、影像等产品的复制和传播使用费的"著作权等使用费"。后者的数字成分更强，前者则与数字无关。不过，由于许多国家的"知识产权等使用费"未公开，因此在本项国际比较中仅以"知识产权等使用费"进行比较（即图 1-29 与图 1-34 中的"知识产权等使用费"定义不同）。即便如此，通过这种广义的比较，美国仍然是最大的顺差国，这一事实没有变化。德国和日本因其从汽车和其他产品的海外生产中获得更多的特许权使用费而紧随其后，但这并不表明这两个国家在数字领域强势（日本和德国的数字相关收支赤字分别位列 OECD 国家的第一和第二）。

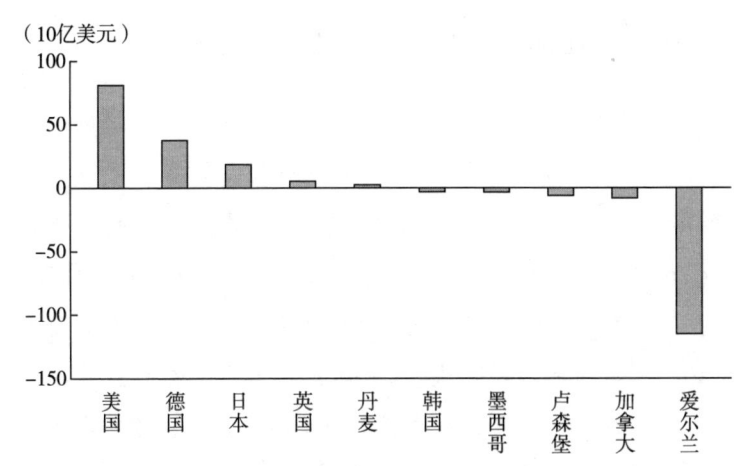

图 1-34　OECD 主要国家的知识产权等使用费（2021 年）

注：这里的知识产权是指知识产权整体，包括产业产权等。
资料来源：OECD.

观察美国"知识产权等使用费"的构成，最大的一项是"研发的许可使用费"，收入达 341 亿美元[18]。其次是"计算机软件的复制和传播许可使用费"，收入为 246 亿美元，其中可能包括微软的 Windows 系统和苹果的 iOS 系统等。在日常生活中，由于 GAFAM 在视频和音乐订阅服务方面十分强势，人们可能会认为"视频、音乐及其相关产品的复制和传播使用费"的金额会更大，但实际上该项顺差仅为12亿美元，相对较少（也可能是由于企业所在地的问题）。相反，在该领域，英国的收入（37亿美元）却为美国的三倍多，成为全球最大的顺差国。虽然具体情况尚不明朗，但英国在这方面的强势可能与英超联赛的转播权费用等有关。

不是日本独有的问题，但日本在该领域尤其弱

综合以上讨论，日本在"通信、计算机及信息服务"领域拥有OECD国家中最大的赤字，同时在数字元素较强的"著作权等使用费"和"专业和管理咨询服务"中也同样存在显著的赤字。关于"数字赤字仅限于日本吗？"这一问题，对现状正确的认识是："不是日本独有的问题，但从全球角度来看，日本的赤字额很大。"当然，德国也存在相应的数字赤字，但该国是全球最大的贸易顺差国。因此，即使数字赤字成为服务收支赤字的主因，这一问题也很难被过度强调。毫无疑问，欧元未出现大幅贬值的情况。

因此，日本的数字赤字及其所代表的"新时代赤字"及"现金流基础的经常收支"（将在第2章中详细介绍）被关注的背景，与"日元持续贬值"这一社会问题密切相关。如果日元在升值，这一问题可能就不会引起太大的关注。

无论其他国家的情况如何，数字赤字对日本来说都不是一个小问题。在日元持续走低的情况下，数字赤字将持续受到关注，并成为经济和政治界所关心的领域。

顺便提一下，日本的服务收支无论从哪个领域来看，在OECD国家中都有着最大的赤字，这也清楚地表明了日本未能赶上服务贸易国际化的潮流（见图1-35），这一点并不为人所知。在日本国内，旅游收支的顺差往往引人注目，但实际上，包括这部分在内的服务收支整体在全球范围内也是巨额的赤字，而这很大程度上可以归因于数字服务的落后。

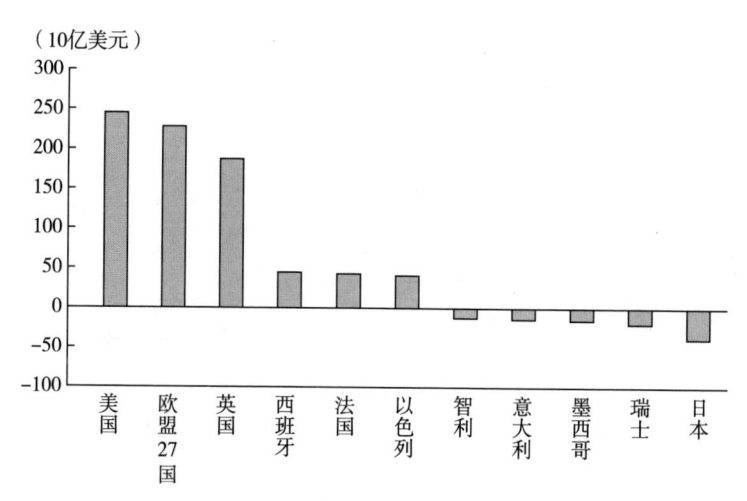

图 1-35 OECD 主要国家的服务收支（2021 年）

资料来源：OECD.

第 2 章

虚假的贸易顺差国的实情

日本仍然是经常收支顺差大国

在第 1 章中,重点讨论了经常收支的构成项目之一——服务收支,特别介绍了在其他服务收支中,所谓的"新时代赤字"——新的外汇流出。如前所述,考虑到服务贸易国际化的趋势,日本未来的赤字幅度很可能会继续扩大。然而,尽管面临贸易收支和服务收支的长期赤字,但截至本书撰写时,日本的经常收支仍处于顺差。例如,尽管 2022 年经历了历史性的资源价格高企、日元贬值以及各种供应链限制等多种紧急情况,日本的经常收支仍然有着约 11.4 万亿日元的顺差。这在全球范围内也是一个非常大的数字。如第 1 章中所提到的,如果将 2022 年的经常收支以美元计算,日本的顺差是全球第九大,即使日元经历了大幅贬值而导致美元计价的顺差减少(见图 1-2)。顺便说一句,到 2023 年时,日本的经常收支顺差更进一步,达到约 1450 亿美元,位居全球第三(2024 年 4 月发布的 IMF《世界经济展望报告》)。

经常收支顺差意味着在居民与非居民之间进行的经济交易(不包括金融交易)中,外汇收入大于支出。这意味着就该国货币而言,情况更倾向于货币升值而非贬值。实际上,报纸和电视等媒体在报道日本经常收支顺差时,往往伴随着一种安心感,并以此为依据宣称"日元迟早会升值",这样

第 2 章 虚假的贸易顺差国的实情

的观点在 2022 年和 2023 年的外汇市场上屡见不鲜。反思一下，笔者其实也曾有过类似的想法。

经常收支不是"符号"，而是"现金流"

确实，比起赤字，经常收支顺差会带来更多的安心感。然而，在经历了 2022 年和 2023 年剧烈的日元贬值以及实际工资下降的情况后，仅仅根据经常收支顺差进行评价真的合理吗？既然有巨额的经常收支顺差，那为什么日元还会继续贬值？从 2022 年中期开始，笔者对此产生了强烈的疑问。一些对市场变化敏感的客户也提出了类似的问题。

因此，在第 2 章中，笔者想提出一个假设，解释在全球范围内被认为是经常收支顺差大国的日本，为什么在 2022 年和 2023 年经历了日元大幅贬值。接下来将解释基于现金流的经常收支（简称现金流基础的经常收支）的概念，这是笔者在 2023 年 7 月在读者报告中首次提出的观点，之后也得到了在报纸、电视、杂志、YouTube 和在线专栏等多种媒体上解释的机会。此外，笔者还在发布国际收支统计的财务省研究会上报告过这一主题[19]，并在 2024 年 3 月财务省成立的国际收支分析专家会议上再次提出了这一观点[20]。当然，由于这只是个假设，所以希望大家能以开放的态度来理解，不过这也表明这本身就是一个备受关注的话题。笔者认为对于许多经济主体而言，这种解释方式是比较能接受的。

未结束的日元贬值

正如前文所述，回顾 2022 年和 2023 年的日本，为什么在面临历史性日元贬值的同时，还能创下全球最高水平的经常收支顺差？这种"扭曲"局面让人不禁质疑，这样的顺差到底有什么意义？如果经常收支顺差反映的日元购买压力存在于外汇市场，那么日元不应该如此大幅贬值。从供需角度来看，产生这样的疑问再正常不过。如果从利率角度来看，从 2020 年 3 月开始，美联储（FRB）开启大幅加息政策，直到 2022 年 12 月加息步伐才明显放缓。

具体来说，单次加息幅度从 0.75 个百分点依次缩小至 0.50 个百分点、0.25 个百分点，加息在 2023 年停止，甚至市场预期 2024 年以后会降息（见图 2-1）。在日元的历史上，FRB 从"鹰派"转向"鸽派"时，通常是日元由贬转升的时机。然而，从 2022 年到 2023 年，这一转变并未发生，甚至从 2023 年到 2024 年也未见日元升值。FRB 转向"鸽派"的时期日元反而加速贬值，这在历史上也是一个反常的现象。

由此可见，从供需和利率两方面来看，2023 年日元转向升值方向并不奇怪。事实上，正如在前言中提到的，2022 年底的主流观点确实认为"2023 年将是日元升值之年"，2023 年的新闻报道也普遍强调经常收支顺差的扩大。例如，2023

年11月9日的《日本经济新闻》以"经常收支顺差达12.7万亿日元,为前一期的三倍,创下4～9月半年期历史新高,创下半年度最大值"为标题,正面报道了顺差的扩大。许多评论还讽刺道,2022年的悲观论到哪里去了?然而,和2022年一样,2023年日元贬值根本没有停止,因此,从"正常逻辑"来看,首先应该关注的是经常收支顺差的意义。正如前文所述,笔者也曾经从一些对市场敏感的客户那里收到类似的质疑。这些经验促使笔者开始考虑基于现金流的经常收支分析方法。仅仅关注统计数字上的顺差就轻易感到安心是危险的,笔者认为这种直觉在某种程度上是正确的。

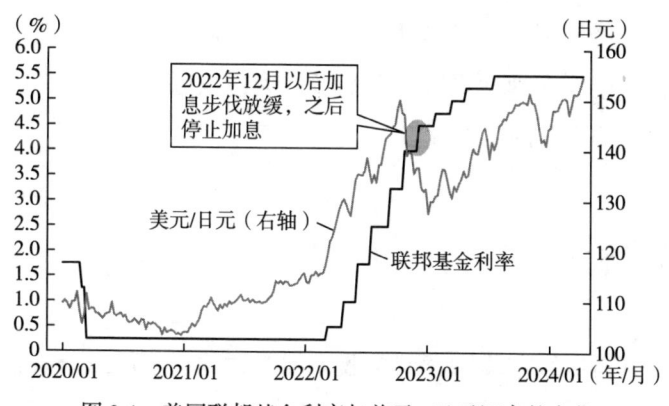

图 2-1 美国联邦基金利率与美元/日元汇率的变化
(2020年1月～2024年4月)

资料来源:macrobond。

再次强调,当我们试图分析经常收支对外汇市场的影响时,不应只关注"统计上的数字",而是应该更加关注"基于现金流的数字(CF数字)"。

如果主张经常收支顺差能够代表日元及日本经济的安全性，那么有必要同时展示"现金流（CF）基础"的数据，看其在外汇市场上能体现出多少的日元买入。即使美联储方向转为"鸽派"，即使统计上的经常收支顺差不断积累，为何日元依然持续贬值？对于这个疑问，笔者想提出一个名为现金流基础的经常收支的概念来解答。

基于这一概念直接给出结论的话就是，2022年日本面临历史性的外汇流出，而2023年尽管在统计上经常收支顺差扩大了，但其内在实质依然是外汇流出。因此，日元贬值并未结束。观察现金流基础的经常收支的顺差，就可以发现日本对外经济部门的脆弱性。当然，这一切只不过是笔者的估算，希望大家理性看待。但笔者认为这也可以当作理解日元汇率结构变化的一个线索。

"经常收支顺差≈投资收益"

具体应该怎样解读经常收支呢？关键在于仔细分析初次收支的内容。日本的经常收支顺差主要（或者说几乎全部）来自初次收支，探讨其内容能够揭示经常收支顺差的现金流。虽然已经引用了很多次这几个数字，但这里还是要再引用一下，以本书撰写时最新的2023年为例，在经常收支顺差（21.381万亿日元）的组成部分中，贸易收支的赤字约为6.5009万亿日元，服务收支的赤字为2.9158万亿日元，而初次收支的顺差为 34.924 万亿日元，第二次所得收支的赤字为 4.1263 万亿日元。换句话说，分析日本的经常收支顺差实际上等同于分析初次收支的顺差。

初次收支由投资收益和雇员报酬组成，而后者几乎可以忽略不计。以 2023 年为例，投资收益顺差为 34.9561 万亿日元，而雇员报酬的赤字则为 289 亿日元。因此，可以大胆地说，分析日本的"经常收支顺差"实际上是分析构成初次收支的"投资收益顺差"。这一趋势并非近年才出现。如前所述，日本的经常收支自 2011 年以来基本上都是由初次收支维持顺差的。这一观点在第 1 章中也有所讨论，日本已经从"通过贸易出售商品赚取外汇"转变为"通过过去投资的回报赚取外汇"。根据"国际收支发展阶段理论"，日本已完成从"不成熟的债权国"到"成熟的债权国"的阶段转变。在本书撰写时，自 2011 年起日本迈入"成熟的债权国"阶段已有十年。

无法回流的投资收益

日本经常收支顺差的真实来源是投资收益这一点已经得到了确认。在分析以现金流（CF）为基础的经常收支时，关键在于这些投资收益是否真的能回流到日本。换句话说，投资收益可以在多大程度上成为日元的购买需求。然而遗憾的是，从结论来说这一预期并不高，当然这只是我的假设。这个结论通过详细分析投资收益的组成部分就能够得出。有关初次收支的组成项目已在图 2-2 中列出，希望读者可以参考理解。本书写作时，2023 年的数据是最新的，但接下来将以 2022 年日元贬值开始严重的年份为例进行说明（这样可以更清楚地看到经常收支顺差与日元贬值之间的对比）。先给出结论：2022 年的 CF 基础的经常收支记录了历史最高水平的赤字，笔者推测这正是日元贬值的原因。之前国际收支相关的数字是以实际数值表示的，接下来为了更容易理解，本书将以概数（即约 ×× 万亿日元）进行表述。

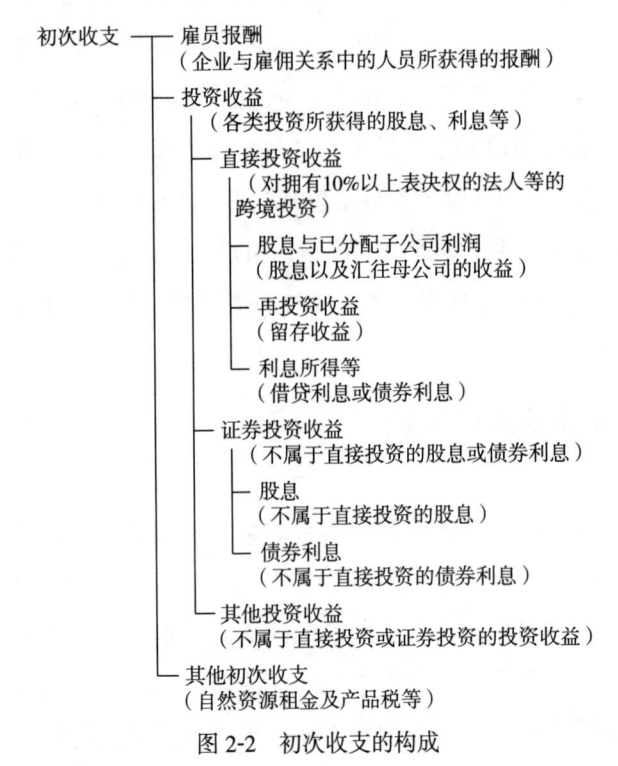

```
初次收支 ── 雇员报酬
            （企业与雇佣关系中的人员所获得的报酬）
         ── 投资收益
            （各类投资所获得的股息、利息等）
            ── 直接投资收益
               （对拥有10%以上表决权的法人等的
               跨境投资）
               ── 股息与已分配子公司利润
                  （股息以及汇往母公司的收益）
               ── 再投资收益
                  （留存收益）
               ── 利息所得等
                  （借贷利息或债券利息）
            ── 证券投资收益
               （不属于直接投资的股息或债券利息）
               ── 股息
                  （不属于直接投资的股息）
               ── 债券利息
                  （不属于直接投资的债券利息）
            ── 其他投资收益
               （不属于直接投资或证券投资的投资收益）
         ── 其他初次收支
            （自然资源租金及产品税等）
```

图 2-2　初次收支的构成

资料来源：根据日本银行等资料，作者整理。

现金流基础的经常收支 2022 年的估算值

接下来，我们进行简单的估算。虽然数字很多，但笔者会尽量用易于理解的方式来描述。首先，2022 年的初次收支从收入基础来看约为 50.0 万亿日元。其中几乎全部来自投资收益（49.9674 万亿日元），剩下的一小部分是雇员报酬（272 亿日元）。关于投资收益的收入，图 2-3 的柱状图展示了其组成项目。具体来说，证券投资收益约为 18.6 万亿日元，直接投资收益约为 27.5 万亿日元，其他投资收益约为 3.9 万亿日元。证券投资收益的主要部分是债券利息（约 11.6 万亿日元）和股息（约 7.0 万亿日元），但其中大部分很有可能是为了谋求复利而未兑换成日元，而是以外币形式再投资。这对于机构投资者和个人投资者来说差异不大。例如，读者可能也拥有以外币计价的金融资产（如股票或投资信托），而股息或分配金则直接用于再投资。从统计上来看，当居民（此处指日本人）在外国金融机构的账户中以利息或股息的形式收到收益时，该收益就被计入"初次收支"。在这一过程中，统计数据时并不会捕捉是否存在"外币兑换为日元"的外汇交易。当然，并非"全部"的证券投资收益都用于再投资，但笔者推测"几乎全部"都是如此。这个问题在今后希望通过多项调查与分析来进一步探讨，但目前尚无良策（至少在笔者所知的范围内）。未来或许可以参考各种意见进行调整。

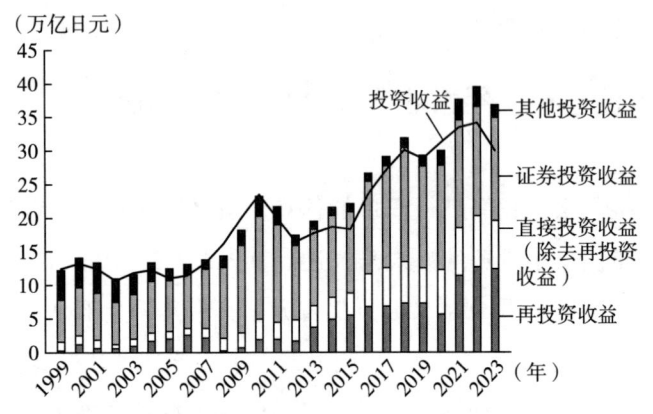

图 2-3　日本投资收益构成及变化（以进项为基准统计）

资料来源：日本银行。

接下来看看直接投资收益。同样以大幅贬值的 2022 年为例，直接投资收益约为 27.5 万亿日元，其中约一半（约 12.7 万亿日元）是再投资收益，剩余部分则包括股息与已分配子公司利润（约 14.5 万亿日元）和利息所得等（约 3300 亿日元）。再投资收益是指"以留存收益形式积累而来的收益"，因此以外币形式留在当地，并不会提高日元购买需求。相反，股息与已分配子公司利润是指"汇往母公司的收益"，因此会提高日元购买需求。

根据以上思路，2022 年从收入的角度来看，初次收支约 50.0 万亿日元中，超过六成（约 31.3 万亿日元，其中证券投资收益约 18.6 万亿日元，再投资收益约 12.7 万亿日元）可能并不会导致日元购买需求增长。换句话说，日元购买需求可能仅存在于约 18.7 万亿日元之中，不到初次收支的四成

（小数点第二位四舍五入，可能略有不符）。参考图 2-4 中的投资收益比例变化，可以看出证券投资收益的比例在下降，而直接投资收益（及其子项再投资收益）的比例在上升。

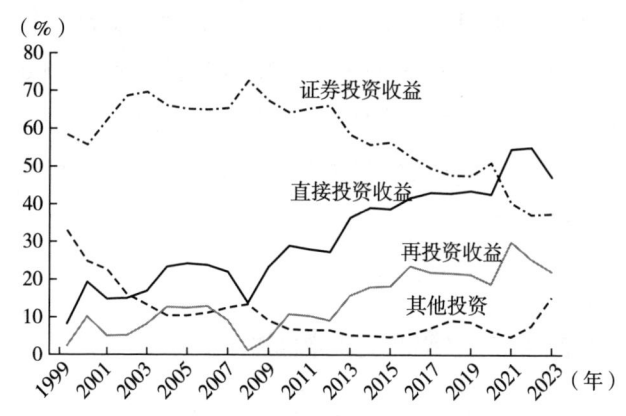

图 2-4 初次收支中直接投资收益与证券投资收益的所占份额
（以进项为基准统计）

资料来源：日本银行。

以上讨论的是收入部分，而支出的部分也需要进行相应的调整，以计算收支。2022 年初次收支的支出约为 15.0 万亿日元，其中证券投资收益约为 8.2 万亿日元，直接投资收益约为 4.7 万亿日元，其他投资收益约为 2.0 万亿日元。以日本为例，假设所有证券投资收益（约 8.2 万亿日元）和直接投资收益中的再投资收益（约 1.9 万亿日元）都无法兑换成外币（仍以日元形式保留），那么在支出上，约 15.0 万亿日元中的近 70%（约 10.1 万亿日元）不会导致日元买入增加。换句话说，支出中的投资收益中只有约 30% 也就是 4.9 万亿日元将导致日元买入增加。

综上所述，2022年初次收支顺差中真正的日元买入部分约为13.9万亿日元（=18.8万亿日元-4.9万亿日元），这就是基于现金流（CF）的初次收支顺差。与统计上约为35.0万亿日元（=约50.0万亿日元-15.0万亿日元）这一巨大的顺差额相比，仅有40%左右（≈13.9万亿日元÷35.0万亿日元）与日元买入相关才是真正的事实。这种计算方式为回答"为什么即使存在巨额经常收支顺差，日元仍在贬值"这个问题提供了思路。

现金流基础的经常收支的概念

根据上述计算得出的现金流基础的初次收支，加上贸易与服务收支和第二次所得收支，笔者将其视为现金流基础的经常收支。就2022年而言，贸易与服务收支赤字约为21.1万亿日元，创下历史最大赤字。这一项几乎全部会以日元出售的形式反映在外汇市场上。此外，反映官民无偿资金合作、捐赠和赠予的第二次所得收支为约2.5万亿日元的赤字。

如前所述，现金流基础的初次收支顺差只有约13.9万亿日元，约占"统计顺差"的40%。因此，尽管经常收支在统计上显示为约11.5万亿日元的顺差，但在现金流基础上却可能显示为约9.7万亿日元（≈13.8万亿日元-21.1万亿日元-2.5万亿日元）的巨大赤字。笔者认为，在讨论2022年日元贬值与经常收支的关系时，有必要深入探讨这些数字。

以及，以类似的方式计算 2023 年的经常收支得出的结果是，统计上顺差约为 21.4 万亿日元，但在现金流基础上赤字却为约 1.3 万亿日元（见图 2-5）。许多专家当时都在预测日元升值，然而出乎意料的是 2023 年日元的贬值却没有得到遏制。因此笔者认为有必要根据这些背景综合考虑。

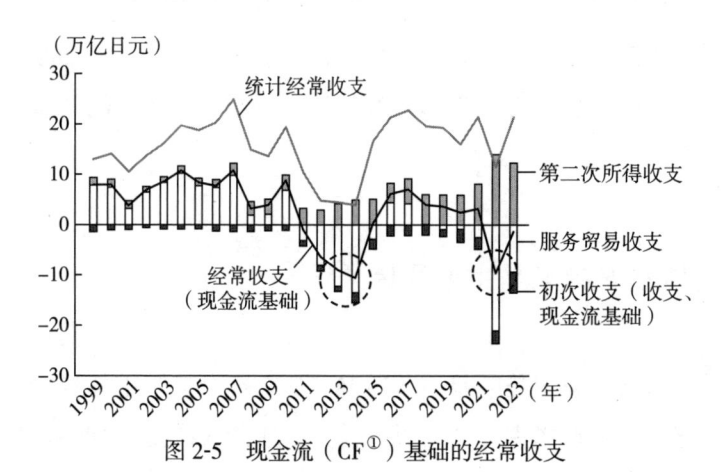

图 2-5　现金流（CF①）基础的经常收支

① "再投资收益"和证券投资收益中的"股息"和"债券利息等"没有发生汇率交易，因此从收入和支出中扣除。

资料来源：日本银行。

图 2-5 中的虚线圆圈部分显示，2013 年和 2014 年也曾出现与 2022 年相当的现金流基础的经常收支赤字。这两年中日元对美元贬值超过 10%。当时备受关注的是象征"异次元宽松"的安倍经济学，且普遍认为是日本银行的货币政策导致了日元贬值。当然，这两者之间并非完全没有关系。然而，市场上所显示出来的本质，如现金流基础的经常收支赤字所示，就只是"想要出售日元的人更多"这样一个简单的

供需关系。当时普遍的论点受到了日元贬值环境的影响，几乎没有人注意到本质上的供需关系（当然，笔者当时也没有意识到，因此在自省的同时提出这一点供大家思考）。

从 2022 年 3 月开始持续到 2024 年初的日元贬值无疑是历史性的。在如此历史性的变化面前，探索结构变化的可能性才是正常的分析态度。至少，不要对同比顺差的增减过于兴奋或沮丧，而是应该思考其与日元汇率走势之间的有机联系。

贸易收支赤字是主要原因

如果只关注是顺差还是逆差，那么现金流基础的经常收支能否保持顺差基本上取决于贸易与服务收支。如前所述，尽管初次收支顺差与日元买入相关的部分很小，但仍然存在约 10 万亿日元规模的日元买入。因此，如果与之相对的贸易与服务收支低于 10 万亿日元赤字，那么现金流基础的经常收支也可以保持顺差（当然，第二次所得收支也要考虑，因此这只是粗略的讨论）。认为现金流基础的经常收支过于复杂的读者，可以单纯关注贸易收支。正如前文图 1-10 所示，自 2011～2012 年开始，"贸易收支无法保持顺差"是日元持续贬值的原因之一。表 2-1 展示了自 1973 年浮动汇率制度实施以来日本十大贸易收支逆差年度排序，并附上了当年日元对美元的变化率以供参考。为什么说"供参考"呢，是因为考虑到汇率预约的滞后效应[21]，贸易收支赤字与汇率变动不一定有直接关系，但这样排列后，似乎两者之间确实存在相对稳定的关系。

表 2-1　日本贸易收支逆差最大的十年及同年日元对美元的变化率

		贸易收支（万亿日元）	日元对美元变化率（同比）
①	2022 年	−20.3	−13.9
②	2014 年	−12.8	−13.7
③	2013 年	−11.5	−21.4
④	2023 年	−9.3	−3.3
⑤	2012 年	−6.9	−12.8
⑥	2015 年	−2.8	−0.4
⑦	1980 年	−2.6	15.5
⑧	2011 年	−2.6	5.2
⑨	2021 年	−1.8	−11.5
⑩	1979 年	−1.7	−23.7

注：日元对美元变化率的比较对象为当年与前一年的年末值（数据来自彭博社）。

资料来源：财务省、彭博社，比较对象为 1973 年以后的数值。

例如，日本的贸易收支赤字在历年中仅有三次超过 10 万亿日元（2013 年、2014 年、2022 年），而在这三年中，日元对美元贬值幅度均超过 10%。当然，2013 年是日元极为强势后转向刺激政策的第一年，其反应也有影响，但这并不能证明其中存在因果关系。尽管如此，贸易收支赤字意味着在货物贸易中想出售日元的人更多，各年日元汇率似乎只是根据这种供需关系变化。

值得注意的是，表 2-1 中显示的 10 个年份中有 8 个是在 2011 年之后。正如前著中所强调的，日元（更准确地说是日本经济）在 2011～2012 年经历了一个重要的分岔点。

在本书写作中每提到"汇率的供需"时，通常会象征性地关注贸易收支。其影响力确实不容小觑。目前，"日元贬值的背景是贸易收支赤字"这种看法没有大的错误。然而，为了进行更细致的讨论，正如第 1 章所述，未来除了固定的贸易收支赤字外，服务收支中的"新时代赤字"也将导致外币流出。服务贸易的国际化不会停止，因此在未来，服务收支可能会与贸易收支同样重要，考虑汇率的供需时应加以留意。

日元汇率分析视角需要更新

正如前著中所提到的，既然日本已经从贸易顺差国转变为贸易逆差国，那么分析日元汇率的视角也必须进行根本性的革新。这一点在"前言"中也提到过，日本经济的历史是一部"日元升值的历史"，因此越是经验丰富的分析师（特别是那些在金融市场工作时间较长的人）可能越难摆脱日元肯定会升值的思维定式。至少在观察 2022 年至 2023 年的外汇市场时，笔者强烈地感受到了这一点。经常收支顺差和对外净资产等项目在统计上依然相当充裕，有这种理论基础支撑货币升值，也不是不能理解人们对日元升值的期待。

然而，一切都需要与时俱进。之前一直讨论的，经常收支顺差的实际情况在现金流的讨论中并未被涉及，这也可能导致对真实情况的误解。以及，在财务省的国际收支分析专家会议上，神田财务官在首次发布的秘书处材料中也指出了直接投资收益中再投资收益的增长趋势[22]。因此，如果经常收支的结构以这种方式发生变化，那么其累积形成的对外净资产也必然会面临类似的问题。尽管在前著中已经对此进行了详细的讨论，但由于这个论点十分重要，因此在本章末尾和"专栏④ 成为'普通货币'的日元：地震与日元汇率"中也用最新的数据进行了阐述。

简而言之，日本所拥有的世界最大对外净资产中，有相当一部分成了外汇，是"回不来的日元"，且这一部分的比例正在增加。前言中也提到了，日本经常收支顺差国和对外净资产国的身份，乍一看似乎保证了日元的强势，但这样的身份终归只是虚假的"面具"，并不能保证日元真正的强势。对各种论点的分析都应该基于这一点。

投机与实际需求的矩阵

在有关汇率走势的评论中，我们经常会看到诸如"投机者的卖出……""实际需求的买入……"这样的短语。通过这种投机交易与实际需求交易来理解日元汇率的变化，是有必要根据该国的贸易收支是顺差还是逆差来适当调整视角的。虽然这是一个极其粗略的概念,但笔者将贸易顺差国和贸易逆差国在不同历史时期的投机与实际需求的外汇交易做成了一个矩阵(见表2-2)。当然,现实并不是如此简单。为了方便理解,笔者将其称为"实际需求交易的贸易收支",但实际上在服务收支和初次收支中也会发生外汇交易。但是,以这种较为简单的视角来分析汇率市场,有助于把握对市场的基本印象。接下来,笔者将根据这个矩阵进行简要解说。

表2-2 日元供需与美联储政策运作的关系

情况	贸易顺差 ①	贸易顺差 ②	贸易逆差 ③	贸易逆差 ④
FRB货币政策方向	紧缩(升息)	宽松(降息)	紧缩(升息)	宽松(降息)
投机行为	日元抛售	日元买入	日元抛售	日元买入
实际需求	日元买入	日元买入	日元抛售	日元抛售
年份举例	2005～2007年	2007～2012年	2022～2023年	2024～?年

资料来源:笔者制表。

历史上,考虑日元汇率走势的首要任务是思考美联储的"未来"政策。通过日美利差的扩大与缩小来运作的投机交易,确实在一定程度上决定了美元/日元汇率的走向。实际上,日本经济确实有美联储降息(美国利率下降)时日元升值的历史。尽管并非百分之百对应,但总体趋势是显而易见的(见图2-6)。日本某著名汽车公司的历史一直以来就是"与日元升值相斗争"的历史。因此，日本央行被迫采取长期宽松政策，以减轻日元升值和股市下跌对实体经济的损害。然而，在浮动汇率制度下，交易货币的方向感会在一定程度上受到基准货币国美国的货币与金融政策的影响。因此，容易受到对美利差影响的货币不仅限于日元，也包括欧元、英镑和瑞士法郎等其他货币。

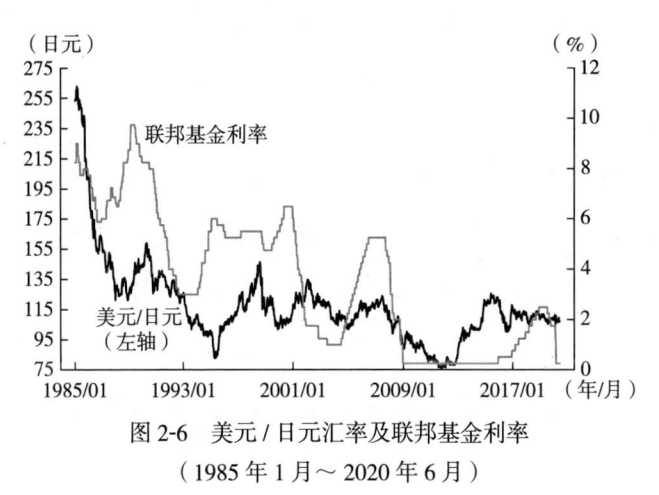

图 2-6　美元/日元汇率及联邦基金利率
（1985 年 1 月～2020 年 6 月）

资料来源：彭博社。

然而，日本的情况是，投机交易在美联储降息时往往导致日元买入、美元卖出，从而引发剧烈的日元升值。在这样的时期，日本拥有非常庞大的贸易顺差（也是 CF 基础的经常收支顺差）。在这种时代背景下，实际需求交易始终倾向于日元买入。众所周知，自 1985 年广场协议以来，日本长期以来一直是全球贸易顺差大国。例如，当美联储决定收紧（加息），日美利差扩大时，虽然投机交易可能导致日元卖出、美元买入，但由贸易顺差支持的实际需求交易仍然倾向于日元买入、美元卖出（在表 2-2 中指的是情况①）。这种情况持续到了 2012 年。当然，投机交易的势头依然强劲，日元贬值、美元升值在一定程度上是不可避免的，但又因为实际需求交易中存在日元买入，所以不必过于担心日元贬值会失控。在日本历史上，几乎没有经历过像 2022 年或 2024 年这样剧烈的日元贬值，以至于需要政府和日本央行对日元买入、美元卖出进行干预。然而，在情况①中，过去日本社会整体上曾欢迎日元贬值。日元贬值带来了出口增加，进而改善了经济，这背后是有其逻辑理由的。实际上，2005 年至 2007 年期间，日本的经济复苏被称为"日元贬值泡沫"。这也很好地体现了当时社会对日元贬值的欢迎热潮。

日元升值的本质是降息和贸易收支顺差的双重作用

相反，如果在保持贸易顺差的情况下直面美联储降息会发生什么情况（如表 2-2 中所示的情况②）？首先，投机交易会因日美利差缩小而从日元卖出、美元买入转变为日元买入、美元卖出。作为投资者，必须利用某种理由进行对冲交易以实现利润，而美联储的降息导致美国利率下降，恰好是最佳理由。然而，美联储降息并不会导致日本的贸易顺差消失。因此，实际需求交易中的日元买入与美元卖出仍然存在。

在这种情况下，投机与实际需求的双重因素将增强日元的买入压力，容易导致日元大幅升值。如果要粗略描绘长期困扰日本的"日元升值的真相"，大概可以这样来形容。事实上在贸易顺差时期，如果由于某种因素导致海外市场上日元升值、美元贬值，而这样的汇率变化反映到日本市场时，日本的出口企业常常不得不冒着损失的风险进行美元抛售（日元买入）。这一点被认为是东京外汇市场历史上，升值的日元比贬值的日元具有更高波动性的原因。接下来，笔者将介绍表2-2中波动较大的情况，也就是情况②和情况③的具体实例。

2007年至2012年间存在的日元双向买入压力

首先，作为情况②的一个具体例子，在2007年至2012年间经历了超强的日元升值阶段。回顾当时可以发现，FRB首次实施零利率政策和量化宽松政策，而日本的贸易收支基本维持在顺差状态（日本央行的利率当然也是零）。可以解读为在当时日本贸易顺差和美国利率下降的背景下，投机和供需两个方面共同推动了日元升值压力。

具体来说，在2007年8月次贷危机爆发之前，以FRB为首的全球加息趋势与"卖出低利率货币，买入高利率货币"的所谓套利交易在外汇市场盛行。不用说，被卖出的低利率货币代表就是日元。简单来说，这是一个"日美利差扩大带来的日元贬值、美元升值"的阶段。如前所述，2005年至2007年间，套利交易盛行，被称为"日元贬值泡沫"，那时日本平板电视在全球具有竞争力。然而，次贷危机爆发的下一个月，即2007年9月，FRB开始降息，之后在2008年9月经历了雷曼危机，美国的政策利率在同年12月首次降至零。随后，FRB用尽了降息的空间，转向以国债购买为基础的非传统货币宽松政策（量化宽松政策），到2011年，10年期美国国债收益率持续低于2%。显然，由于日美利差扩大，日元卖出、美元买入的投机交易开始逆转，日元买入、美元卖出的趋势开始升温。然而，即使在这样的情况下，当时日本的贸易顺差仍然存在，因此实际需求中的日元买入、美元卖出也持续存在。

最后，小规模投机和供需两个方面加大了日元升值压力，美元/日元汇率从2007年6月的124日元附近，急剧下跌至2011年的历史最低点（以日元计为历史上的最高点）。

2022年至2023年间存在的日元双向卖出压力

另一方面，2022年至2023年间，日元贬值面临着小规模投机和供需两个方面的日元卖出压力（截至本书撰写时的2024年，日元贬值仍在继续，但无法断言全年的趋势，因此采用2022年至2023年这一表述）。这相当于情况③所示的具体例子。

自 2022 年 3 月以来，受到疫情和地区冲突的影响，全球开始出现高通胀问题，FRB 采取了历史上最快的加息步伐，在短短 1 年 4 个月内（截至 2023 年 7 月）将利率提高了超过 5 个百分点。在此期间，日本央行坚持负利率政策，这导致日美利差显著扩大，使得投机交易中日元卖出、美元买入的趋势愈加盛行。从实际需求交易来看，如前所述，2022 年的贸易赤字达到史上最大（约 20 万亿日元），2023 年则为历史第四大（约 9.3 万亿日元），市场环境中的日元卖出过剩是压倒性的。在这两年中，贸易赤字约为 30 万亿日元，这一数字是前所未有的。

因此，日元的卖出压力从投机和供需两个方面显著上升，导致了 2022 年至 2023 年间历史性的重大日元贬值和美元升值的情况。

情况④中的日元升值幅度是国民关注的焦点

值得注意的是，在撰写本书时，2024 年之后的美联储政策方向并没有确凿的结论。然而，根据过去的经验，如果美联储从加息转向降息，那么在利率方面，投机交易将会转化为对日元升值的压力。然而，美联储降息并不意味着日本的贸易收支会从逆差转为顺差。因此，在实际需求交易中市场仍将倾向于卖出日元。这就是表 2-2 中所提到的情况④。随着美联储的降息，投机交易可能会转为日元买入和美元卖出，虽然能够实现一定的日元升值，但由于贸易收支赤字以及之前讨论过的服务收支中包含的"新时代赤字"，再加上从现金流（CF）基础来看缺乏日元买入需求的初次收支顺差，这种实际需求交易的情况不会有大幅变化。在这样的情况下，单凭美联储的降息，是否会如过去经历的那样出现深度且持久的日元升值局面？应该不会。

如今，即使美联储降息，日本经济也不能像过去一样，作为贸易顺差国从利率（也就是投机）和供需两个方面形成强烈的日元升值压力。从这个角度出发，"美联储降息后，日元自然会再次升值"的历史性观点可能不再适合如今的时代。简而言之，当处于情况④时，日元会有多大幅度的升值？这是日本国民重点关心的。笔者并不是说"日元不会升值"，而是想强调即使日元升值，其幅度也将是有限的。

日元已经越过了结构性转折点

笔者在前著中也曾强调过，日元汇率在 2011 年到 2012 年经历了结构性的转折点。自 1985 年签署《广场协议》以来，日本在历年中记录过 11 次贸易收支逆差，而这些逆差都发生在 2011 年之后（如果将时间范围扩展至 1973 年浮动汇率制度实施以来，这个数字会增加到 15 次）。无论如何，自 2011 年起，日本作为贸易逆差国的地位已经确立，这一点是毋庸置疑的。许多人指出，这一情况的背景与雷曼危机

第 2 章　虚假的贸易顺差国的实情

后的超强日元升值局面以及东日本大地震后国内电力结构的变化有关，许多日本企业难以承受成本的上升，纷纷转移到海外生产。此外，也有观点认为日本的人口结构问题是另一大因素，不过详细的讨论就此略过。

从前述图 1-10 可以看出，自日本在 2011 年到 2012 年间失去贸易顺差以来，美元/日元汇率明显不再朝着日元升值、美元贬值的方向波动。对此有一种观点认为，2012 年 12 月第二次上台的安倍政权所推行的全面经济政策（俗称"安倍经济学"），特别是当时黑田东彦担任日本央行行长期间实行的量化宽松政策，导致了日元贬值的长期化。当然，这种再通胀思想的兴起与日元贬值并非毫无关系，但贸易顺差的消失也应当引起注意。

在 2022 年 9 月出版前著时，"日美利差扩大导致日元贬值"的解释仍然占主导地位，从供需角度讨论日元汇率的现状和前景的氛围并不浓厚。然而，在本书撰写时，诸如"日元贬值不仅仅是由于日美利差扩大"和"即使美联储降息，日元也不会像以前那样升值"等论调显然获得了更多支持。

例如，2024 年 1 月 11 日的《日本经济新闻》发表了以"引发日元贬值的'回不来的资金'——过去五年流出超 3 万亿日元"为题的文章，引用了笔者对基于现金流的经常收支的估算数据，报道了需求与供给结构的变化可能是日元贬值背后的潜在原因。当然，这仅仅是一个可能性，但随着越来越多的人关注这一论点，确实能从中感受到时代的变化。此外，虽然有很多人试图通过日美利差的变化来讨论日元汇率，但质疑的文章已经多得数不胜数[23]。然而，笔者想指出的是，"日元相对美元不再朝着升值的方向波动"这一现象自2011年至2012年起就已经出现，而并非在2022年或2023年才开始。

无论如何，"不仅要关注利率，还要重视供需的重要性"的观点，在以第1章讨论的"新时代赤字"和本章讨论的基于现金流的经常收支为核心的日本汇率理论中，逐渐获得了认可。当然，这些论点的合理性将在美联储进入真正的降息阶段时受到检验，但值得关注的论点无疑比以往增加了。

祸不单行的2022年和2023年

尽管如此，2022年和2023年无疑是日本外汇社会规范发生变化的契机。在这两年中，日本国民深切感受到了日元贬值带来的成本。大约10年前，日本经济的性质就已经变得容易导致日元贬值，而在这两年（2022年和2023年）中，促使日元贬值的因素更是接连出现。因此，可以说日本正在面临的一个祸不单行的局面。以下将从利率和供需两个方面简要整理这一过程。

2022年2月，疫情的影响仍未消退，与此同时，俄乌冲突的爆发使得全球经济面临更强的供应限制。由于疫情导致的长期人手不足推高了工资水平，供应链的中断和资源价格的上涨迫使除了日本银行以外的主要中央银行被迫多次加息以抑制通胀。另外，日本银行继续坚持定义模糊的"摆脱通缩"旗帜，保持负利率政策，导致2022年到2023年间，内外利差（海外与日本之间）极端扩大。在这种情况下，在利率（即投机）方面的日元贬值压力不可避免地加大。

此外，资源大国俄罗斯与西方阵营的对立加剧了资源供应的不稳定性，导致包括原油在内的各种资源价格上涨，这不仅对全球金融政策产生了重大影响，也对日本这个非资源国的贸易平衡造成了严重冲击。矿物燃料占日本进口总额的25%到30%，因此随着原油价格的上涨，贸易赤字也被迫急剧扩大。最终，2022年日本创下了历史最大的贸易赤字，2023年则创下了历史上第四大的贸易赤字。这种情况凸显了资源大国的地缘政治风险对非资源国日本的影响，同时也凸显出了后者的脆弱性。在此背景下，日元贬值的压力在供需方面也势必加大。

总的来说，2022年和2023年是日本原本存在的"易于贬值结构"迅速显现的时期。虽然这确实是日本的不幸，但如果对一贯将日元贬值视作金科玉律的"通货膨胀主义"起到了相应的休克疗法的作用，那也算是不幸中的幸事。

在"慢全球化"中生存的日本

然而，不仅仅是2022年或2023年，未来的日本需要在一个时间和金钱成本更高的世界中生存。基于这一点，日本从海外进口的商品价格，除了矿物燃料外，整体上可能会保持高位。同时，从出口来看，占日本对全球出口总量近两成的对华出口减少，反映了去风险化潮流的常态化。因此，在进出口两方面都面临挑战的情况下，贸易收支的显著改善在未来将变得更加困难。

从这个角度来看，虽然不如2022年和2023年那么严重，但相比过去，贸易赤字的进一步扩大和日元汇率进一步走软可能会成为新的常态。随着地缘政治风险的上升，曾经追求节省时间和成本的全球化进程正在逆转，世界分化的趋势正在加剧。2023年4月发布的国际货币基金组织（IMF）《世界经济展望报告》[24]用"慢全球化"一词来描述并分析了这种情况。详细内容将在第5章展开讨论。《世界经济展望报告》指出，越是大型企业或高盈利企业，就越倾向于关注回归本国或向友好国家转移生产。因此，这种趋势将对全球经济，尤其是新兴国家，产生重大影响。

过去能够快速、廉价、大规模地进行生产和流通的供应链正在被迫重新构建，世界经济正在逐步转变，即使时间和成本增加，也要确保生产和流通的安全。以简单的例子来说，自俄乌冲突以来，日本飞往欧洲的航班因无法经过俄罗斯领空而额外增加了3小时的行程，这自然会导致时间和成本（如燃油费）的增加。引发这些限制的"慢全球化"首先会导致接受大量来自发达国家直接投资的新兴国经济放缓，随后世界整体将逐渐接受效率下降的现象。同时，像日本这样的非资源国家，受到"慢全球化"的影响也将尤为显著。贸易收支赤字的持续扩大正是标志性现象之一。

超越二元对立的视角

重复一遍，笔者并不是在说"日元不会再升值"。当掌控全球储备货币的美联储（FRB）降息时，未来仍然可能会出现由对利率因素敏感的投机行为主导的日元升值，这是浮动汇率制度的常态。然而，在这种情况下，若有人大肆宣扬"日元要升值了"，则实在是不明智。可以预见，这时的日元升值不会是大幅升值，也不会像过去一样让日本经济备感压力。若从长远角度看待日元的未来，面对美联储加息导致的"大幅贬值"时，应该有这样一种心态：美联储降息后，日元的贬值会被控制在"温和的"水平范围内。我们应暂时搁置过去的历史，摒弃"货币升值是理所当然"的观念，用新的思维来思考日元的未来。

然而，不幸的是，媒体在报道汇率时往往没有那么冷静。读者可能已经注意到，每逢年末年初，各类媒体就会通过各金融机构的预测，把市场划分为"看跌日元"和"看涨日元"两派。笔者每年都会参与大多数媒体的讨论。然而，以年份为单位来呈现这种对立的视角，本质上是有问题的（尽管身为卖方分析师，笔者今后仍会继续参与，以便向客户传达自己的想法）。

例如，即使像笔者这样预测"日元将长期处于贬值阶段"的人，如果仅就2024年而言，也可能预测美联储转向"鸽派"（降息）会导致日元贬值暂时停滞。然而，在媒体的报道中，这种观点可能会被简单地归类为"看涨日元派"。用这种方式来进行简单的日元看跌或看涨的分类，并没有任何实质性意义。尤其是那些偏好进行中长期结构性分析的专家，更不适合这种简单的分类方式。我们应该认识到，美联储的政策引发的汇率波动是浮动汇率制度下的不可抗力现象，本身并不会影响对日元的根本性评估。

正如在前言中提到的，虽然汇率的"方向"可能主要由（尤其是美国的）利率讨论决定，但在衡量"汇率水平"时，供需关系同样至关重要。从2011年到2012年，日本开始面临一个核心问题，即"外汇获取难度加大"，这一点基本上与美联储的货币政策无关。正如本章多次强调的，即便美联储降息，也不会消除日本的贸易赤字。因此，仅凭美国利率下降来预测日元升值，是一种不牢靠的逻辑。

我们必须认识到，日元可能已经脱离了长期的慢性升值性质，经历了一个关键的转折点。因此，未来需要基于这种新现实展开更为多元的讨论。单纯从年度波动出发，将市场划分为"看涨派"或"看跌派"的二元对立，是无法全面把握当前复杂的汇率环境的，在分析上也显然是缺乏建设性的。

关于"国际收支发展阶段论"的两个问题

本章即将结束，最后在这里对第 1 章和第 2 章的内容进行总结讨论。正如图 1-3 所示，按照"国际收支发展阶段论"的观点，目前的日本并不是通过商品贸易来赚取外汇，而是依靠过去的投资成果获取外汇，典型地表现为一个"成熟的债权国"。在 2022 年 9 月出版的前著中，笔者提出了应该对这一立场持怀疑态度的观点，并在书的封面上使用了"成熟债权国的黄昏"这一略显激进的表述。针对这种悲观论调，依然有一些观点固执于"统计上的顺差"，并声称"有关国际收支的过度悲观论是错误的"，但这无疑是基于肤浅理解得出的浅薄结论。实际上，"国际收支发展阶段论"并非绝对正确。在第 1 章中也提到过，我们应该不断更新视角，灵活应用这一理论。

将 20 世纪 50 年代提出的这一理论带入到现在，笔者认为至少需要注意两个问题。首先，该理论未能充分预见到初次收支顺差的大部分并未回流到本国货币的情况。其次，服务贸易的国际化迅速发展，供应方（尤其是美国）的价格控制力极大增强，这一现象也未被充分预见。对于前者而言，"国际收支发展阶段论"以统计数据的数值和正负作为重要的判断依据，但这可能会成为一个重大问题。理论上，当成熟的债权国进入债权削减国的阶段时，预期的情况是贸易逆差会大幅增加，初次收入顺差无法弥补贸易逆差，导致经常账户从顺差转为赤字。然而，笔者假设，如果日本目前是一个"成熟债权国"，但由于大部分初次收支顺差留在海外，按现金流计算，日本实际上无法弥补其贸易逆差。换句话说，日本可能是一个披着"成熟债权国"外衣的"债权削减国"。

此外，可以说后者的情况在理论上也未被充分预见。正如第 1 章所述，对目前日本的企业和家庭经济活动来说，向 GAFAM 等美国大型科技公司支付定额订阅费用已经成为默认的状态。而且，日本对于这些企业的涨价几乎没有讨价还价的能力。因此，就出现了用"数字佃农"或"数字农奴"等词来讽刺这种不对等的主从关系的情况。由于减少使用数字服务在可见的未来几乎不可能，因此贸易与服务余额中，服务收支的比重预计将进一步增加。除非摆脱依赖 GAFAM 等平台提供的服务，或设想所有数字服务在国内实现自主生产，否则贸易与服务逆差很可能会在数字相关收支的推动下进一步扩大。

另外，"国际收支发展阶段论"暗含了贸易收支和服务收支将朝同一方向变化的假设，然而以美国为例，其贸易收支大幅赤字，而服务收支却大幅盈余，这种情况表明，理论未曾预料到的时代变化正在不可避免地发生。此外，所谓的六个发展阶段并不一定会不可逆地逐步推进。像北欧国家或瑞士这样老龄化严重的成熟国家，仍能长期保持经常收支顺差。因此，超出"国际收支发展阶段论"框架的情况随时可能发生，而且形式多样。今后，如果初次收支的顺差所带来的日元买入需求有限，并且服务收支的赤字导致贸易与服务收支的赤字持续扩大，那么从现金流基础的经常收支来看，日本的实际情况（在本书中指的是日元的供需环境）比起"成熟债权国"，更接近"债权削减国"。这一点值得进一步探讨。

日本是"虚假的贸易顺差国"或"虚假的债权国"

众所周知，日元一直被贴上"安全货币"或"避险货币"的标签，而支撑这一安全性的正是"世界上最大的对外净资产国"这一地位。所谓"世界上最大的对外净资产国"，换句话说，就是拥有全球最多外汇资产的国家。因此，日元是安全的货币这一观点并非完全错误。甚至可以极端地说，如果真的到了要通过卖出外汇、买入本国货币来进行货币防御的地步，日本可以说是"弹药最充足的国家"，至少日元不会成为人们积极抛售的货币。

然而，这终究只是极端的假设，对于"世界上最大的对外净资产国"的解读需要更加谨慎。正如之前讨论的，日本的经常收支结构显然已经发生了变化。累积的经常收支顺差构成了对外净资产,因此还必须意识到对外净资产结构的变化。经常收支结构的变化多种多样,其中最显著的是支撑顺差的支柱已从贸易收支转为了初次收支顺差。如前所述,初次收支顺差包括来自海外有价证券的利息和股息等证券投资收益,以及日本企业海外子公司的股息和留存收益等直接投资收益。自2011年起,日本企业对海外企业的并购活动日益频繁,直接投资收益的比重增加,特别是留在海外的再投资收益的比例不断上升。这一点在前著及"专栏④ 成为'普通货币'的日元:地震与日元汇率"中均有所讨论。由此可见,现金流基础的经常收支可能已无法稳定地维持顺差。这一点已经在前文提到。

从对外净资产的角度可以明显看出,直接投资余额增加导致了直接投资收益的增加。如图2-7所示,自2019年起,日本的对外净资产余额中的近一半由直接投资构成。重复一下,这正是2011年以来,日本企业积极收购海外企业的结果(见前述图1-9)。由于收购的公司一般不会轻易出售,因此这一部分可以被视为"已经卖出且不再回归的日元"。然而,在21世纪头十年,如果将外汇储备也考虑在内,那么当时的对外净资产几乎完全由海外有价证券组成。具体来说,这通常指美国国债或美国股票等。由于海外有价证券具有较高的流动性,因此在市场情绪恶化时,确实可以期待资金回流日本。但对于直接投资而言,情况就不同了。

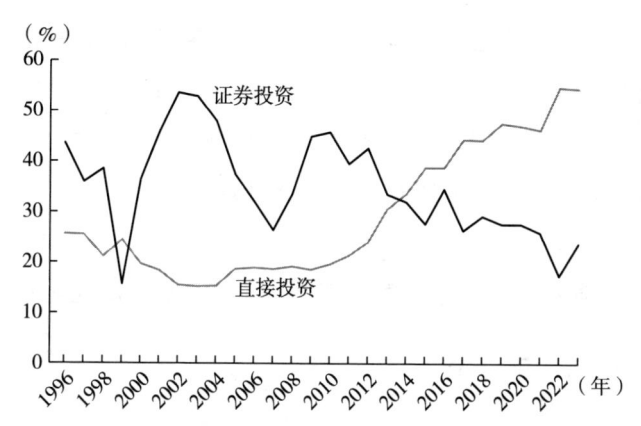

图 2-7　直接投资及证券投资占日本对外净资产的比例

资料来源：财务省。

如前所述，日本已不再是"成熟债权国"，而是一个戴着"成熟债权国"面具的"债权削减国"。如果日本所持有的大部分外币资产不会回流或没有回流的预期，那么对外净资产国的表象也不过是一个假象。

当然，若真的面临无法控制的日元贬值局面，国家可能会采取强制措施，使日本企业持有的外币资产强行回流国内。例如，2022 年日元贬值时，人们所期待的企业部门汇回减税政策就是一个好例子[25]。然而，干涉民间部门的资产持有形式以改善外汇供需的做法并不是一项好的政策，甚至会给人一种国家已陷入困境的印象。这样的政策可能会被投机者利用，因此我们并不希望出现这种情况。作为"虚假的贸易顺差国"或"虚假的债权国"，日本能够承受多少日元贬值带来的政治、经济和社会压力？与其对每月发布的经常收支顺差水平抱有乐观态度，不如深入洞察其背后的变化，这才是分析日元以及日本经济现状和前景时所需的视角。另外，笔者在第 1 章和第 2 章中提出的讨论仍处于发展阶段，今后将通过进一步的研究提高分析的准确性。

专栏④ 成为"普通货币"的日元：地震与日元汇率

"普通货币"化的日元

2024 年 1 月 1 日 16 点 10 分，石川县能登地区发生了震级 7.6、最大震度为 7 的强烈地震。此次地震引发了房屋倒塌、火灾、地质灾害、海啸等重大灾害，截止本书撰写时，受灾地区的日常生活仍未恢复正常。事实上，笔者在地震发生的 5 个月前，也就是 2023 年 8 月曾与家人去能登半岛游玩，并且第一次去了此次受灾严重的轮岛市和珠洲市。当地美食可口，风景优美，笔者本计划择一不同季节再度来访。此次灾难的突然降临，给笔者也带来了巨大的震撼和冲击。

如果说这是笔者在个人层面感受到的，那么在公共层面，自然不得不关注此次地震对金融市场，尤其是外汇市场的影响。因为笔者认为，许多外汇市场的参与者仍然记得 2011 年 3 月 11 日东日本大地震发生后那次剧烈的日元升值。关于东日本大地震时的日元升值有解释称，是因为 1995 年 1 月 17 日发生的阪神淡路大地震后日元升值了，这一经验法

第 2 章　虚假的贸易顺差国的实情

则促使了日元的买入[26]。因此，这次灾害发生后也出现了类似的预期。

事实上，在 2024 年 1 月 1 日地震发生后不久，彭博社就刊登了题为"日元短期可能升值，受能登地震影响"的报道[27]。当时 2024 年的外汇交易尚未开始，但由此可见，仍有市场参与者坚信"只要有危机，日元就会升值"。确实，如果不深入考虑供需结构的变化，"地震导致日元升值"这一记忆很容易再次被套用。日元在日本国内发生地震、海啸，或核电站事故，甚至朝鲜发射的导弹落在日本领海附近时，都会出现"避险性日元买盘"或"作为安全资产的日元买盘"的情况，推动日元升值。因此，"地震导致日元升值"是符合经验法则的想法。但是，基于前著的讨论，笔者认为情况恰恰相反，日元不升值反而贬值的可能性更大。在地震后接受媒体采访时，笔者也曾表达这一观点。例如，彭博社在 2024 年 1 月 2 日，也就是刊登上文提到的报道后的第二天，刊登了笔者的评论："今后会有越来越多的人认为，日元对危机的反应已经变得像普通货币一样。"当时，外汇交易尚未正式开始。然而，等到正式开盘后，受能登半岛地震的影响，2024 年首个交易日的日元/美元汇率从上一年的约 141 日元/美元左右升至 142 日元/美元附近，日元对美元贬值了近 1 日元。29 年前（1995 年）或 13 年前（2011 年）"地震导致日元升值"的模式完全未能重现。

货币在国家灾难发生时贬值本身是很常见的现象，但以往日元几乎没有出现过这种情况。从这个意义上说，日元已经从避险货币这一特殊存在，转变为"普通货币"了。

从贸易收支的角度来看，日元已不再是"原来的货币"

在 2011 年 3 月 11 日东日本大地震发生后，市场曾一度预期日本的保险公司将抛售外汇资产并将其兑换成日元以应对赔付，这种猜测推动了日元汇率的迅速飙升。当时，"保险公司资金回流"（即外汇资产卖出回流为日元）的说法可以说支撑了日元升值的走势。确实，作为"世界上最大的对外净资产国"，在面临突发事件时，日本企业抛售外汇资产来改善流动性的行为是一种合理的预期。在外汇市场上，这种行为被称为"避险买入日元"，并且这也常用来解释日元升值，几乎没有人对此提出质疑。后来，"保险公司资金回流"理论在外汇市场上得到了广泛接受，日元汇率一度迅速升至 1 美元对 76 日元左右，日本央行和其他主要央行不得不进行大约 10 年半以来的首次联合干预，抛售日元、买入美元。

然而，之后日本财务省发布的按投资者部门划分的对外证券投资数据显示，2011 年 3 月，财产保险公司实际上进行了超买，即增加了外币资产持有量（见图 2-8）。在金融市场中，许多人看重的往往是"可信度"，而不是"真相"。这一事件就是典型案例。

当时的日本仍勉强保持着贸易顺差国的地位，在东京

第 2 章　虚假的贸易顺差国的实情

外汇市场上，出口企业的订单（实际需求的日元买盘）也依然存在，客观上也支撑了日元汇率。因此，即便没有所谓的"保险公司资金回流"效应，日元升值仍是有可能的。然而，十多年过去了，如今日本已成为一个名副其实的贸易逆差国。从供需环境来看，2011 年和 2024 年的日元已然是"不同的货币"，因此"地震导致日元升值"已经是过去的历史。通过数字就可以一目了然地看出这一点。举例来说，如果用累积的贸易收支来进行对比，并考虑远期外汇合约的时间差，将 2007 年到 2011 年这五年的累积贸易收支与 2019 年到 2023 年这五年的进行比较，前者顺差约为 20 万亿日元，而后者逆差约为 33 万亿日元（见图 2-9）。可以毫不夸张地说，现在的日元与之前的日元已然是"不同的货币"。

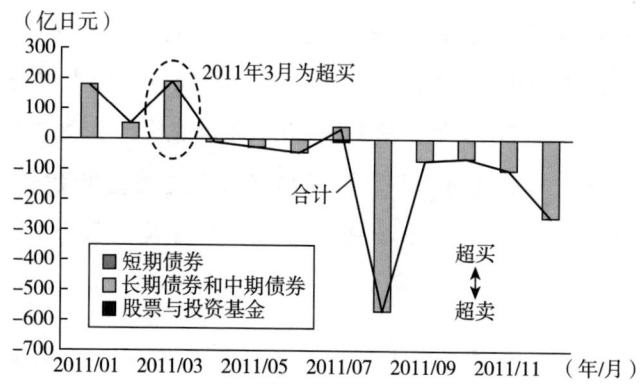

图 2-8　财产保险公司的对外证券投资（以 2011 年为例）

资料来源：INDB.

(万亿日元)

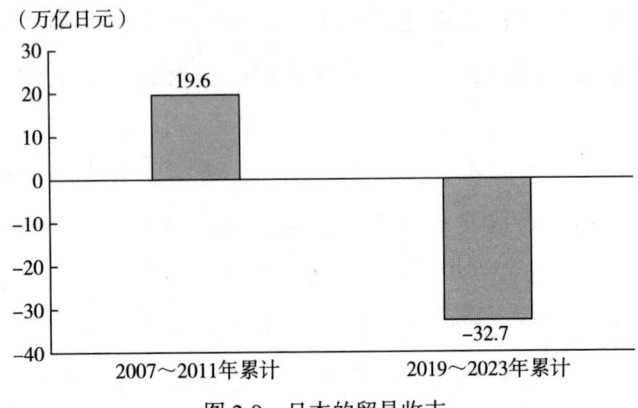

图 2-9　日本的贸易收支

资料来源：财务省。

现金流基础的经常收支出现赤字

"避险买入日元"现象消失的原因可以从经常收支及其累积的对外净资产的角度来解释。虽然这些论点在前面的讨论中已经多次提到，但笔者想从不同的角度补充分析。例如，若比较 2011 年和 2023 年同一时期的经常收支累积金额，会发现实际上 2023 年的顺差比 2011 年时更大（见图 2-10）。如前所述，尽管贸易余额已经从顺差转为逆差，但由于过去投资的收益，初次收支账户的盈余仍然可观，因此日本的"统计的顺差"得以维持。

然而，正如第 2 章中所讨论的，即使统计上仍是顺差，近年来日本的经常收支也很容易出现"现金流赤字"。用累积金额比较的话，2007 年至 2011 年的经常收支顺差约为 83 万亿日元，而 2019 年至 2023 年的累积顺差约为 90 万亿日元。

然而，如果比较调整过的现金流基础的经常收支，考虑与日元购买直接相关的部分，2007 年至 2011 年的累积顺差约为 26 万亿日元，而 2019 年至 2023 年出现了约 2 万亿日元的赤字。不管是从贸易收支还是从现金流基础的经常收支来看，都根据 1997 年 1 月和 2011 年 3 月的事件认为"地震后短期内日元会升值"显得极其不切实际。

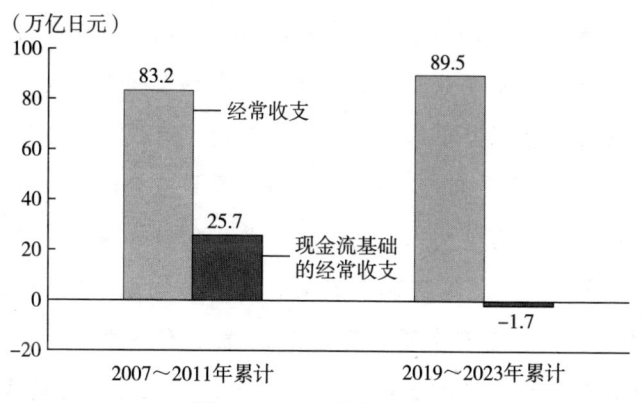

（万亿日元）

图 2-10　经常收支的变化

资料来源：财务省。

"世界上最大的对外净资产国"的象征正在失去效力

正如前文所述，日本的对外净资产结构发生了变化。虽然日本在数据上仍是世界上较大的对外净资产国，但实际上，日元的防御能力已经显著减弱。"世界上最大的对外净资产国"的象征曾经促使了危机发生时的日元买入，但如今已经不再具备昔日的效力。正如图 2-7 所示，日本的对外净资产中已有一半是直接投资，而曾占主导地位的对外证券投资的存在感大大降低。换句话说，虽然30多年来日本都是世界上最大的对外净资产国，但"已卖出且不会回流"的日元所占的比例确实在上升。这种对外净资产结构的变化可以说是"作为安全资产买入日元"或"避险日元买入"现象消失的原因之一。

"对外净资产结构的变化导致了不会回流的日元的增加"这一观点虽然只是假设，但结合与多家日本企业的交流经验，笔者认为它已相当接近事实。例如，在海外出差时，笔者向当地的日本企业介绍统计数据，说到在当地法人赚取的利润更倾向于以外币形式进行再投资时，有很多人会回应说"自己的公司也是同样的情况"。聚焦于再投资的统计数据能让实际情况更清晰明了。关于初次收入的构成项目（也就是直接投资收益），自2010年开始，留在海外而不再回流日本的再投资收益比例显著上升，与21世纪初的十年相比，到本书撰写时大约增加了两倍（从不足10%上升到超过20%）（见图2-11）。这反映了日本企业的意愿，即希望在海外寻找预期收益更高的投资机会。

从根本上看，日本企业对外直接投资的增加，很大程度上是因为国内经济增长预期的低迷。因此，选择持有外币而不是换回日元可以说是理所当然的。在这种情况下，即使对外净资产按预期增长，回流日元的比例也会不断下降，这正是"世界上最大的对外净资产国"所面临的现实，也是导致"避险买入日元"失去昔日影响力的原因之一。当然，"地震导致日元升值"的情况也不会再发生了。

第 2 章 虚假的贸易顺差国的实情

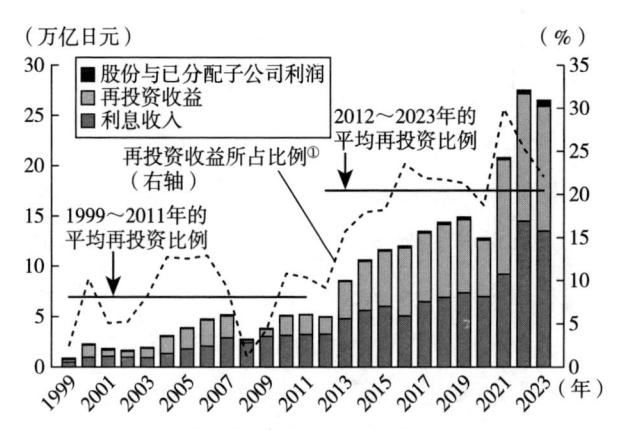

图 2-11 直接投资收益与再投资收益的变化

① 初次收支（收入）中再投资所占的比例。
资料来源：日本银行。

"避险买入日元"已成为过去

由此看来，日元在危机时急剧升值的特性已然消失，正逐渐转变为一种"普通货币"。在能登半岛地震发生之前，就已经出现了这一趋势。例如，2022 年 2 月俄乌冲突爆发时，日元并未升值。相反，由于担忧资源价格上涨可能带来贸易逆差，再加上全球通胀压力加剧，市场普遍认为日本央行（日元）会被低利率所拖累，推动了日元持续贬值。当时的日元贬值趋势一直持续至本书撰写时。2020 年新冠疫情暴发时、2023 年以色列在加沙发生武装冲突时、2024 年 4 月伊朗攻击以色列时，甚至在朝鲜发射导弹时，日元都没有出现显著升值。在某些情况下，日元贬值反而还出现了加速的趋势。

日元贬值的背后

正如前文多次提到的，自 2011 年到 2012 年日本贸易顺差逐渐消失以来，日元显然已经失去了升值动力。自 1973 年实行浮动汇率制度以来，持续了半个世纪的贸易顺差历史使市场参与者难以在短时间内改变认知。然而，在经历了疫情、战争、地震等各种天灾人祸之后，日元在从 2020 年到 2024 年初的这四年间并未出现升值。今后，日元作为"避险货币"或"安全资产"的特殊地位将逐渐而切实地从市场参与者以及整个日本社会的认知中消失。"作为安全资产买入日元"或"避险买入日元"将逐渐成为过去的故事。

第 3 章

资产运用立国的难言之隐

"家庭部门抛售日元"成为重要话题

在前著的第 4 章中，笔者以"真正应该担心的是'家庭部门抛售日元'——'保守的日本人'是否会改变？"为题，指出当家庭持有的丰富金融资产开始转换为外币资产时，日本可能面临预想不到的日元贬值风险。例如，在前著中，笔者对岸田政府提出的"资产收入倍增计划"表达了担忧：

日本家庭在"从储蓄转向投资"的号召下，真的会为了日本经济的未来选择持有日元资产吗？这是一个值得深思的问题，执政者应该先问问自己。激励人们投资本身并非坏事，但是如果投资意愿的归宿是外币资产而非日元资产，那么就很可能成为日元贬值的导火索。在指出日元贬值的弊端的声音日益变大的背景下，政府和执政党真的对此不予以关注吗？如果将此视为风险，那么在推进"从储蓄转向投资"的同时，似乎确实有必要设计出让人们更倾向于选择国内资产的制度，以确保投资方向的合理性。

此外，笔者还表达了这样的担忧：

要警惕"家庭部门抛售日元"。如果家庭部门开始将持有日元资产视为风险，并对海外投资产生兴趣，那么这将只是一种防御手段，对日本经济的益处微乎其微。

第3章 资产运用立国的难言之隐

笔者在前著中也提到了许多当下大众关注的重要问题，因此感兴趣的读者可以参考前著。总之，到 2024 年 4 月本书撰写时，"家庭部门抛售日元"已成为讨论日本金融市场的重要问题而备受关注。本章将基于著书时可确认的事实，提出笔者对岸田政府所倡导的资产运用立国现状及其对经济和金融形势影响的见解，尽管部分内容与前著重合，但这一点极其重要，因此笔者希望再次强调。

家庭金融资产"开放"带来的两个顾虑

岸田政府在 2023 年 6 月发布的"2023 经济财政运营与改革基本方针"中明确指出，要"开放 2000 万亿日元的家庭金融资产，实现为经济持续增长做出贡献的'资产运用立国'"。如果真的要"开放 2000 万亿日元的家庭金融资产"，就必须谨慎评估其利弊。根据截至 2023 年 12 月底的最新《资金循环统计》，家庭金融资产约为 2142 万亿日元，其中约 52%（约 1121 万亿日元）仍为日元现金和存款（见表 3-1）。资产运用立国的意图就是引导偏重于储蓄的家庭金融资产转向投资。然而，笔者认为在家庭金融资产开放过程中，还存在两个方面的顾虑，分别与汇率和利率相关，以下将展开说明。

表 3-1　日本家庭部门的金融资产构成（2023 年 12 月末）

	金额（万亿日元）	权重（%）
总资产	2141.5	100.0
外币性质	78.7	3.7
外币存款	6.7	0.3
对外证券投资	26.7	1.2
投资信托	45.3	2.1
日元性质	2062.8	96.3
现金和存款（除去外币存款）	1120.8	52.3
国债等	28.3	1.3
股票	275.8	12.9
投资信托（除去外币部分）	66.1	3.1
保险与养老金储备金	537.5	25.1
银行存款等	34.3	1.6

资料来源：笔者根据日本银行的《资金循环统计》估算。

关于汇率的顾虑逐渐显现

关于汇率的顾虑，许多读者或许已经有所了解。简单来说就是，即使 2000 万亿日元中约 5% 的日元资产转向外币资产，也将会造成巨大的日元贬值压力。实际上，这种情况在本书撰写时已部分成为现实。随着 2024 年 1 月启动的新小额投资免税制度（NISA）的发酵，这个问题一定会受到大众关注。2022 年 3 月开始的日元贬值阶段波动剧烈，但"家庭部门抛售日元"并未全面展开。如果家庭部门提高风险容忍度，真正开始进行海外投资，那么对于日元贬值将如何加剧并导致物价上涨，又如何成为日本经济的负担，将需要进行更深入的讨论。

随着入境需求的增加，象征着"廉价日本"的事件层出不穷。在此背景下，越来越多的日本人意识到本国货币的脆弱性，同时可能会对外币资产产生兴趣。在政府与执政党积极呼吁"从储蓄转向投资"并提供制度支持的情况下，对外币资产的关注度会进一步提升。笔者也常听到周围有人将金融资产转向高利率的外币存款，这显然是各大银行推广活动的结果。笔者认为，家庭部门的资产流动正在发生。这在以前，至少在笔者的职业生涯中从未出现过。

需要强调的是，笔者并不反对新 NISA 推动国际分散投资的趋势，也支持资产运用立国这一方向。然而，笔者也希望大家能够意识到，政策的推进"有利也有弊"。这涉及每位国民的利益，因此应该公开政策的效果与副作用，并在此基础上展开讨论。

仍然是"半个世纪以来的最低值"

接下来笔者想深入探讨一下"因担心本国货币的脆弱性而对外币资产产生兴趣"这一点。与撰写前著时的情况一样，在撰写本书时，日本对外的实际有效汇率（REER）持续处于"半个世纪以来的最低值"（见图3-1）。日元的购买力较弱，导致从海外进口的商品价格被抬高，日常生活中频繁的涨价也与此息息相关。上涨的不仅是商品价格，服务价格也同样如此。例如，自2023年起，日本人海外旅行已成为奢侈的象征，这一点经常被报道。这与实际有效汇率的低位稳定密切相关。同商品价格的上涨一样，高价的服务也会让人们觉得难以负担。

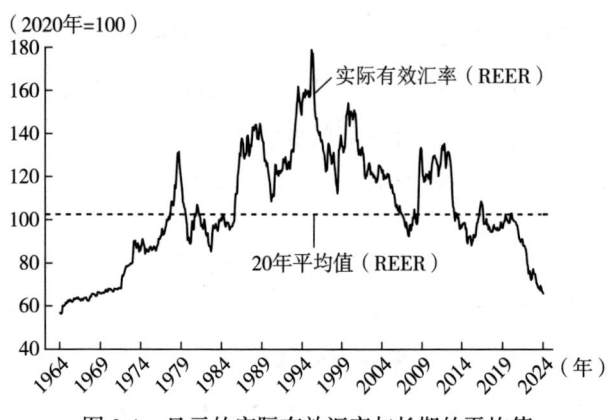

图3-1 日元的实际有效汇率与长期的平均值

资料来源：macrobond.

数字就是很好的证明。根据日本国家旅游局（JNTO）的数据，2023年日本出境游客人数为962万人，仍不到2019年（约2000万人）的一半。在日本的国际收支统计中，日本人的海外旅行属于"从海外进口的服务（旅游收支支出）"。由于进口价格上涨，需求自然会减少。为了保护日常生活免受象征着本国货币脆弱性的REER下跌的影响，增加

"外币运用"成为合理的投资行为。正如后文所述，这更接近于防御而非单纯的投资。正因为是防御，所以才会有很多人考虑这一选择。

与此同时，从海外涌入日本的入境游客，正是借助"弱势日元"背后的"强势外币"，在日本国内展现出旺盛的消费和投资意愿。根据 JNTO 的统计，2023 年访日外国游客人数约为 2500 万人，恢复至 2019 年（约 3200 万人）的 80% 左右。考虑到日本解除边境管控（被戏称为"闭关政策"）是在 2023 年 4 月，可以说入境旅游的情况已经完全恢复（实际上 2023 年 10 月的游客人数已超过 2019 年 10 月）。正因为日本的实际有效汇率处于"半个世纪以来的最低值"，从海外角度来看，日本的商品和服务正处于"特价促销"的状态。这样的价格优势吸引了更多外国游客和投资者。

日本人对"弱势日元"的无奈

大家在日常生活中应该也讨论过与此相关的话题吧，比如"酒店这么贵，谁住啊？""谁会去看这么贵的能剧啊？"或者"反正都是给外国游客准备的"等。这种对话反映了日本人对"弱势日元"和"强势外币"的看法，也透漏出日本人对日元贬值、日元能买到的东西越来越少的无奈。在这种情况下，如果名义工资的涨幅能超过物价的涨幅，那当然是件好事，但我们不能抱有太大希望。根据厚生劳动省发布的《每月劳动统计调查》（统计调查范围为员工超过5人的企业），2023 年的实际工资（考虑物价因素后的工资）指数处于 1990 年以来的最低水平。日本人的钱包确实越来越瘪了。

如果这种情况进一步恶化，理性的经济人自然会倾向于将资产以"强势外币"而非"弱势日元"的形式持有。如果每天接触到的都是与日元贬值（外币升值）相关的信息，那么肯定会有越来越多的日本人对本国货币的脆弱性感到失望。例如，从 2020 年 12 月到 2023 年 12 月，日元对美元的汇率在三年间下降了 35% 以上（变化范围是 2020 年 12 月底的 103 日元左右到 2023 年 12 月底的 141 日元）。与 2024 年 4 月底的 157 日元相比，下降幅度超过 50%。过去被认为最安全的以日元计价的现金和存款的贬值让人无法忽视，因此寻求某种对策也是理所当然的。当然，如果日元贬值只是 2022 年的一次性波动，或许就没有这样的担忧了。然而，2023 年日元贬值仍在持续，2024 年初也未见缓和。因此，必然会有更多人产生"从日元转向外币"的投资意愿，这并不奇怪。

资产防御而非资产运用

这样的趋势在广义上可以描述为"从储蓄转向投资"的转变，但笔者认为其本质略有不同。"从储蓄转向投资"的口号所图的，原本是通过资产运用来增加持有的资产，实现"转守为攻"。然而，由于对本国货币的各种看法引发的"从弱势日元转向强势外币"的动向，更倾向于资产防御而不是资产运用，旨在防止持有资产的减少，是一种向"守卫"转变的姿态。自经济高度增长时期以来，日本人经历过日元升值带来的困扰，却从未因日元贬值而苦恼。因此，笔者对未来可能出现的情况感到忧虑。

再次强调，2022年以后出现的日元贬值规模非常大，可以称得上是历史性的，但这一现象并不是"家庭部门抛售日元"造成的。从这个角度来看，日元贬值仍然相对有限，因此可以认为真正的日元贬值风险尚未显现。

关于"家庭部门抛售日元"的报道开始增多

在这样的情况下，如果政府以资产运用立国为名提高民众的投资意愿，家庭金融资产自然也开始暗潮涌动。根据截至本书撰写时点所获取的信息，关于"家庭部门抛售日元"的报道显著增加，给人一种"家庭部门抛售日元"催化了日元贬值的印象。随着2024年新NISA的启动，提到"家庭部门抛售日元"是长期日元贬值原因之一的报道进一步增多，但严格来说，从新NISA启动的前一年2023年开始，各大媒体已经在每天报道与资产运用相关的专题，提前指出"家庭部门抛售日元"的趋势。

例如，2023年5月1日的《日本经济新闻》中的一篇题为"外币资产'增加'的年轻投资者中有四成选择美国股市"的报道指出，年轻人越来越倾向于增加外币资产配置。此外，2023年9月26日该报刊登的题为"'资产运用立国'是否引发日元贬值？新NISA下外币资产扩张"的文章中，坦率地探讨了新NISA与日元贬值之间的因果关系。前一篇报道中的调查结果显示，许多人表示"外国企业的预期回报高于日本企业""日本股市难以实现持续增长，长期持有会面临风险"，可以看出对内外增长差距的关注。能够感受到，即将进行投资的日本个人投资者普遍倾向于关注海外市场而非日本国内市场。

此外，在新NISA启动前的2023年12月25日，《日本经济新闻》发表了一篇题为"新NISA表现良好，月度预约2300亿日元，对5家网络证券公司的调查显示海外股票受欢迎"的报道，指出许多个人投资者可能会在制度刚启动时大量购买海外股票。这篇文章在外汇市场引起了广泛关注，笔者也基于此撰写了多篇报告。根据该文章中的信息，每月2300亿日元几乎都用于投资海外股票的投资信托，换算下来每年约为2.8万亿日元（2300亿日元/月×12个月）。考虑到5家网络证券公司[28]在旧NISA账户中占据约60%的份额，这意味着至少会出现约4.7万亿日元（2.8万亿日元÷0.6）的日元抛售。此外，由于该报道仅反映了截至2023年12月20日的预约情况，所以未来还有增长的可能性，再加上除了定期投资额度外还有双倍的成长投资额度，因此这也预示着每年可能会出现约 10 万亿日元的"家庭部门日元抛售"。

值得一提的是，10 万亿日元相当于 2023 年记录的经常收支顺差（约 20 万亿日元）的一半，几乎与 2022 年的顺差（约 11 万亿日元）相当。而且，如第 2 章所讨论的，如果日本的经常收支顺差的大部分项目中并不包含实际的日元购入，那么约 10 万亿日元的"家庭部门日元抛售"将引发相应的日元贬值风险。后文将进一步说明，基于本书撰写时可查的财务省统计数据等，年均约 10 万亿日元的"家庭部门日元抛售"并非不切实际的数字，反而在以更快的速度累积。实际上，面对这一数字，在 2024 年 4 月底日元对美元的汇率触及 34 年以来的最低点，曾一度突破 160 日元。

外币存款利率上调报道的意义

还有其他有趣的相关报道。比如，日本一些大型银行将美元定期存款的年利率从 0.01% 上调至 5.3%，这一消息被广泛报道。2023 年 9 月 19 日的《日本经济新闻》报道称"三井住友银行将美元定期存款的年利率从 0.01% 提高至 5.3%"。不过，此时网络银行已经在以 4%～5% 的年利率销售美元定期存款，某些情况下甚至高达 9% 或 10%[29]。因此，对于一些对金融产品有一定了解的个人投资者来说，可能会觉得之前的利率太低了。尤其是对于年轻一代，他们习惯使用智能手机通过网络银行和网络证券公司交易金融产品，对外币存款（或类似的外币投资）已经有较强的参与感，因此对他们来说这则新闻不算新鲜事。

从日本的人口结构来看，持有超过 2000 万亿日元金融资产的并不是对金融或网络有较多认知的年轻一代，而是还抱有"外币就是要去窗口支付手续费购买"的观念的老年人群体。与年轻人常去网络银行不同，老年人平时常去大型银行，现在连这些银行也决定提高外币存款的利率，并通过《日本经济新闻》等传统大型媒体进行了广泛报道。笔者认为，这一举动的意义不可小觑，因为这一代人曾经深信"日元现金和存款就是安全资产"，他们投资行为的变化更容易影响到家庭部门金融资产的构成以及日元汇率的走势，如表 3-1 所示。

在日本，许多人在做投资决策时更容易受到媒体的影响，而不是深入理解国际分散投资的理论。他们的决策往往是基于一种社会氛围，即"大家都在做"，而不是基于对投资理论的理性分析。在以后的《资金循环统计》中，高龄者的投资行为会不会占据主导地位将是一个非常有趣的观察点。

通货膨胀下意识到的"现金贬值"

在 2023 年 8 月 19 日的《日本经济新闻》上，有一篇题

第3章 资产运用立国的难言之隐

为"现金可能在 10 年内减少 20%？通货膨胀下的风险"的报道，专门讨论了日本家庭部门将大部分资产以日元现金形式持有的风险。紧接着，8 月 21 日同一报纸又刊登了题为"错失 2000 万亿日元，挑战资产运用立国的'增值文化'"的文章，探讨了类似的主题。尽管机构投资者普遍意识到了"现金贬值"的风险，但日本家庭中，长期以来依然存在"多持现金才安心"的观念。现金存款本应是十分安全的手段，然而只是将现金放在那里，却因为日元贬值导致其对美元的购买力大幅下降，也导致了涨价潮。因此，即使是金融素养较低的老年人群体，也开始意识到"持有现金的风险"。日本人对于"大家都在做"的事有很强的心理认同，因此这种情况可能会迅速改变现状，必须警惕突发性冲击带来的风险。

众所周知，美元/日元汇率的历史基本上是"日元升值的历史"。因此，仅从汇率波动来看，持有"日元的现金和存款"是一个明智的选择。同时，日元升值的历史也是"通货紧缩的历史"，因此这种持有现金的判断是合理的。然而，如果未来日本经济确实经历了从通货紧缩到通货膨胀的转变，那么就不能理所当然地认为日元一定会升值。这个问题将在第 4 章中进行详细讨论。

新 NISA 推出之前就存在家庭部门海外投资倾向

尽管最近的报道会让人觉得新 NISA 的启动促进了日

本家庭部门资产从日本国内向海外转移，但实际上这种趋势早在新 NISA 推出之前就已经存在了。有关数据显示，自 2015 年以来，通过投资信托购买的海外股票逐渐增加，而对日本国内股票的投资意愿却相对较低。尤其是自 2019 年以来，家庭投资从日本国内股票转向海外股票的现象愈加明显。虽然无法确认这些统计数据是否进行过汇率对冲，但从某种程度上来讲，我们可以认为，家庭对海外股票（大部分可能是美国股票）的投资所导致的日元抛售也是 2022 年后日元贬值的因素之一。重要的是，在新 NISA 推出之前，日本家庭部门的投资倾向就已经更偏向于海外而非日本国内了（见图 3-2）。因此，交易收益免税额度的扩大就如同火上浇油，这时大量抛售日元、购买外汇也就不足为奇了。

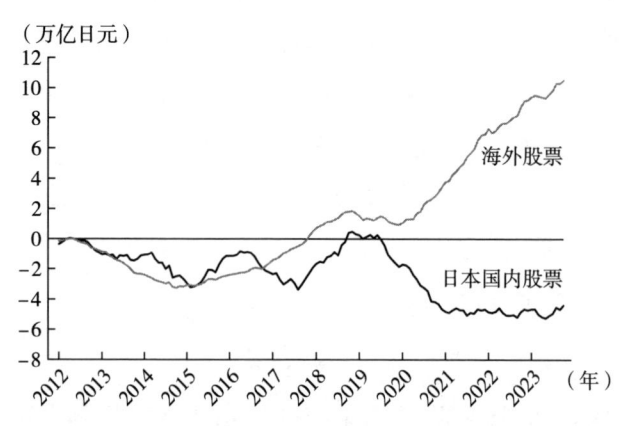

图 3-2　投资信托的股票买卖（2012 年 3 月以来的累计值）

资料来源：投资信托协会，截至 2023 年 12 月的数据。

第 3 章　资产运用立国的难言之隐

新 NISA 的强劲势头背后的"家庭部门抛售日元"

如前所述，在新 NISA 启动前的 2023 年，对资产运用的热情就已经非常高涨了。到了 2024 年 1 月，新 NISA 的启动引发了更大的关注，主要投资信托的资金流入情况每天都在被报道，同时多家金融机构都在估算与之相关的日元抛售规模及其影响程度。例如，2024 年 1 月 10 日的《日本经济新闻》报道了题为"三菱 UFJ 系的投资信托'全球股票'，一天内流入超过 1000 亿日元"的文章，文章指出三菱 UFJ 资产管理的投资信托"eMAXIS Slim 全球股票"在 2024 年 1 月 9 日当天的资金流入超过了 1000 亿日元。这一数字与 2023 年 12 月的月度流入额大致相当，这引起了极大的关注。可以实现全球股票的分散投资且投资成本极其低廉的"eMAXIS Slim 全球股票"，无论是在投资新手还是在资深投资者中都备受欢迎，它已经成为日本资产运用行业的流行语。因此，与其相关的信息每天都受到关注也是理所当然的。

对外证券投资通过投资信托进行，我们可以通过财务省公布的"对外及对内证券买卖合同等的情况"来全面把握对外证券投资的相关情况。在新 NISA 启动的首月——2024 年 1 月的统计数据中，投资者部门的数据显示，通过受到关注的投资信托公司（简称投信）进行的对外证券投资达到了 12 937 亿日元，创下了自统计开始以来的最大买入额。相比之下，旧 NISA 在 2014 年 1 月启动时的投资额为 1903 亿日元，而积立 NISA 在 2018 年 1 月启动时的投资额为 9677 亿日元，可见 12 937 亿日元这个数字相当大（见图 3-3）。从产品分类来看，股票和投资基金为 12 104 亿日元，几乎占据了绝大部分，这也印证了日本人投资海外股票的强烈意愿。此外，2024 年 1 月的对外证券投资总额为 34 226 亿日元，有接近一半的买入额来自"投信的购买"。启动首月的数字可以说充分展示了新 NISA 的强大影响力。

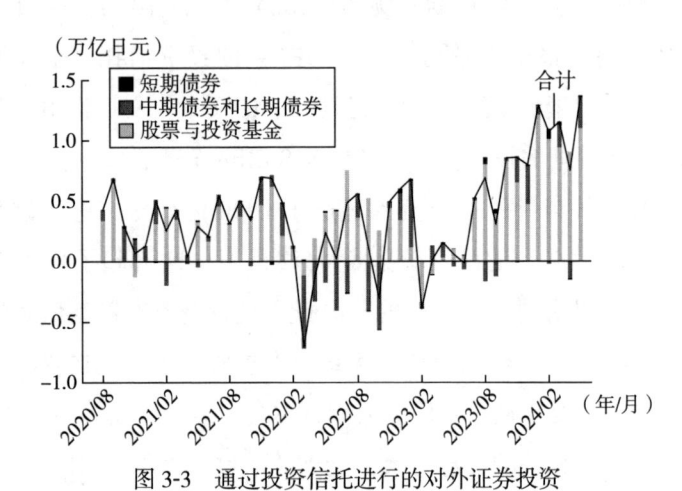

图 3-3　通过投资信托进行的对外证券投资

资料来源：INDB，截至 2024 年 5 月的数据。

家庭部门会与机构投资者并驾齐驱吗

在本书写作时，2024 年前几个月的数据已经揭晓，通过投资信托进行的对外证券投资在 1 月至 5 月期间总计达到了

56 389 亿日元。从具体投资品种来看，其中有 51 634 亿日元流向了股票和投资基金。由此可见，几乎所有资金都涌向了海外股票。此外，5 月单月通过投资信托的对外证券投资额为 13 719 亿日元，为截至本书写作时的历史最高单月纪录。按年度统计，2014 年至 2023 年的年均增幅为 36 111 亿日元，而 2015 年至 2019 年，5 年间的年均增幅为 36 456 亿日元。也就是说，2024 年 1 月至 5 月期间的 56 389 亿日元的数额已经超过了以往的全年净买入额。

如果保持这种速度，全年增幅可能达到惊人的 13 万亿日元以上。当然，由于 2024 年 1 月至 5 月期间新制度刚刚启动，成长投资额度的设定可能会"象征性"地膨胀，所以保持这种速度持续增长的推测并不合理。然而，以这种变化为前提，通过投资信托进行的对外证券投资水平可能会长期保持在一个较高的水平。此外，我们还需考虑传统的机构投资者在外汇市场中的交易行为，如养老金（信托银行中的信托账户）、证券公司（即金融商品贸易公司）以及人寿保险公司等。如果投资信托的买入力度维持在年均数万亿日元以上，并且养老金和证券公司的购买也相继增加，那么日本的对外证券投资规模将达到极为庞大的规模。

当然，对于新 NISA 启动后"投资信托的买入"，我们需要在未来根据数据逐步进行评估，因此在本书中下定论还为时尚早。然而，当我们在未来回顾历史时，可能就会发现 2024 年是一个重要的年份，因为在这一年，在国家政策的支持下，个人投资者作为与机构投资者同样重要的存在开始受到关注。日本的个人投资者在外汇市场上素有"渡边太太"之称，其存在感在海外亦得到认可，而新 NISA 制度可能会进一步强化这种印象。

更重要的是，通过新 NISA 购买的外汇资产主要用于长期投资，因此可能不会再转回日元而被长期搁置。如果这样的话，正如从 2011 年开始加速的日本企业对外直接投资（例如，将制造基地迁往海外）对抑制日元升值可能产生了一定的效果，家庭部门的投资行为也可能会在中长期内对日元汇率的走势产生影响。

储蓄不是低增长的"原因"，而是其"结果"

虽然内容较多，但以上讨论主要关注的是成功开放家庭金融资产后对汇率的担忧。那么，我们应该如何看待对利率的担忧呢？简而言之，人们担心的是日本经济长期以来享受的日本国债（以下简称国债）的稳定消化机制可能会受到影响。如果国债的供需放松，日元利率自然会上升，利率上升又将抑制企业和家庭的消费和投资行为。虽然在之前的著作中我已经讨论过这个问题，但因为其重要性，还是想要重申一下。

要理解开放家庭金融资产对日元利率的影响，首先需要准确理解日本所面临的资金循环结构。家庭和企业将现金存入银行，储蓄起来而无人使用，就会成为字面意义上的"死钱"。然而，这部分民间部门（家庭＋企业）的储蓄一直以来都被政府部门借用，用于消费和投资。换句话说，从银行的角度来看，就是将存入的现金投资于国债。通过这种方式，日本经济的资金循环得以保持平衡。严格地说，尽管日本国内整体上出现了储蓄过剩，但相应地，海外部门却出现了储蓄不足（非经常收支顺差），这样经济整体的储蓄和投资就保持了平衡。（见图3-4）。因此，"民间部门储蓄过剩"（以家庭为例，也就是对日元现金存款的偏好）是日本经济低迷的结果，并不能说是其原因。

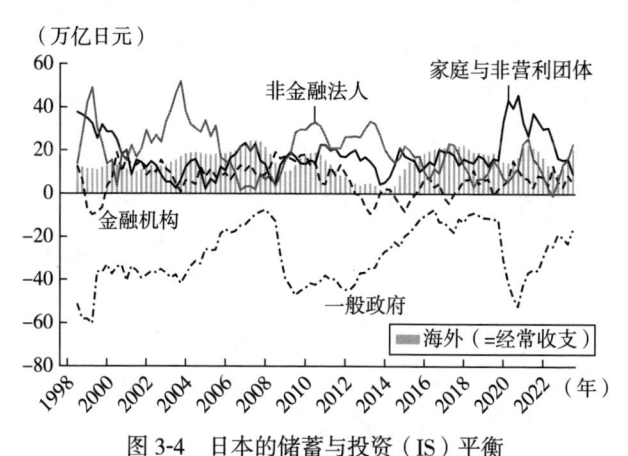

图 3-4　日本的储蓄与投资（IS）平衡

资料来源：INDB，使用四个季度的平均值。

2023年6月发布的"骨太方针"中，似乎在这一点上存在理解上的偏差。"骨太方针"中提到"家庭金融资产的开放"将"有助于可持续增长"。这里隐含着一种观点，即因为"之前家庭金融资产没有被开放",所以可持续增长受到了影响。也就是说,"储蓄是增长速度较低的原因"。然而,如果预见到低增长,家庭就没有理由积极投资于股票,企业也没有理由增加设备投资。因此,储蓄是低增长的"结果"而不是"原因"的观点更贴合实际。

在日本,资产运用不活跃的原因常常被归结为日本人特有的保守性和金融素养的缺乏。尽管这种看法并不完全错误,但考虑到日本经济所面临的严峻环境,也可以认为这是一种面临不可抗力时的资产选择。在本书撰写时,已有多种报道指出,随着对日元和日本经济未来的悲观态度加深,家庭部门的传统保守性可能有所减弱,转而更倾向于投资。这表明,如果感到有必要,日本人也会主动进行投资。反过来说,过去人们并没有那么强烈的危机感,因此认为"持有日元现金就足够了"。正如之前所述,日元汇率的历史是"日元升值的历史",如果仅关注外汇风险,持有日元现金实际上是一种聪明的选择。

银行部门持有国债的意义

从资金循环结构的角度来看,民间银行持有大量国债的现象常常被认为是不妥的而受到批评,因为有人认为银行的主要作用是放贷,而不应该只进行国债投资。然而,这种批评往往误解了因果关系。银行的本质作用并不是仅仅放贷，而是"平衡整个经济的资金供需"。具体来说，银行的主要职能是将"资金持有者"的资金调拨给"资金需要者"。在日本，贷款活动不活跃而国债投资增加，实际上是因为家庭和企业成了"资金持有者"，而政府则被迫成为"资金需要者"，两者通过银行进行资金流动。这可以理解为，银行在低增长环境中有效地履行了其"调整资金供需"的基本职责。尽管自黑田体制以来，国债从民间银行转移到日本银行的过程有所加快，但银行部门的角色并没有改变。

总而言之，日本之所以未能推进"从储蓄转向投资"的转变，是因为受"不得不如此的经济状况"所迫。以日元计价的现金和存款为中心的家庭金融资产结构，以及作为其基础的低位稳定的国债收益率，都反映了一国的经济实力。资产运用立国试图以政策力量改变这一必然结果，然而，这种改变是否会带来副作用，这就引出了利率担忧的话题。

如果日本人不储蓄，谁来购买国债

不论好坏，民间银行、政府部门和日本银行之间形成的国债消化结构在稳定日元利率方面至少是牢固的。政策上推动家庭金融资产的开放和"从储蓄转向投资"，实际上是对这一国债消化机制的挑战。如果按照资产运用立国的设想，家庭金融资产得以开放，并且"从储蓄转向投资"变得活跃，那么国债能否顺利消化？如前所述，被称为"死钱"或"沉睡资金"的现存现金，实际上会通过银行用于购买国债。如果使用这些资金投资外币资产，那么就需要找到新的经济主体来替代银行部门购买国债。虽然也存在由海外部门进行购买的可能性，但不太可能以日本国内投资者同样的低利率来进行购买。日元利率的上升与日元贬值一样，直接关系到国民的生活水平，因此这是个不容小觑的问题。

随着新 NISA 的启用，关于日元贬值的讨论日益增多，但与利率相关的讨论仍相对较少。然而，这无疑是一个需要关注的重要议题。

资产运用立国的难言之隐

笔者在这里想强调的是，虽然有汇率和利率上的担忧，但这并不意味着追求资产运用立国的方向是错误的。实际上，日本的家庭金融资产结构与其他国家相比确实较为保守（如图 3-5 所示），因此追求资产运用立国是有一定合理性的。然而，关于汇率和利率等直接影响国民生活的市场波动，此前似乎并没有出现较为充分的分析。因此，本书也会像前著一样，花一些篇幅来探讨这个问题。若从一个苛刻的角度来看，笔者认为政府和执政党可能不敢主动传播相关信息，因为这是在追求资产运用立国时的"难言之隐"。

第 3 章 资产运用立国的难言之隐

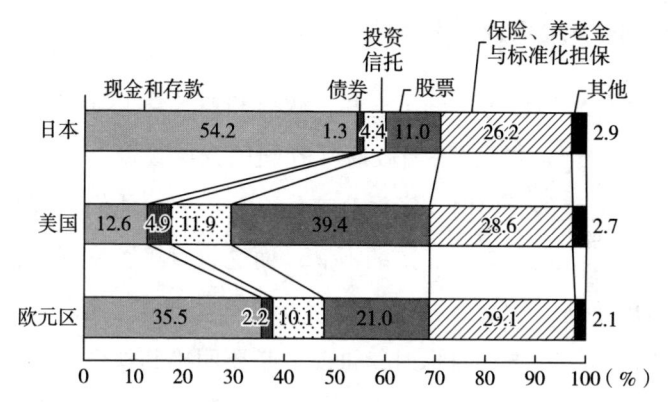

	现金和存款	债券	投资信托	股票	保险、养老金与标准化担保	其他
日本	54.2	1.3	4.4	11.0	26.2	2.9
美国	12.6	4.9	11.9	39.4	28.6	2.7
欧元区	35.5	2.2	10.1	21.0	29.1	2.1

图 3-5 日本、美国、欧元区的家庭金融资产构成（2023 年 3 月末）

资料来源：日本银行、FRB、ECB。

现行框架能否一直持续

在本书撰写时，追求资产运用立国的新制度已经启动，对于 iDeCo（个人型确定缴款养老金）和 NISA 的根本性扩充，有很多人认为"如果日元资产和外币资产所能享受的优惠不一样就好了"。确实，如果希望抑制汇率和利率的副作用，那么优待日本股票等日元资产会比较有效。

然而，笔者并不认为政治家和官僚们完全没有考虑到这些副作用。因为在 2022 年到 2023 年间，我曾多次应政府和执政党人员的请求，举办关于日元汇率的研讨会和演讲会，在讲演中强调家庭部门抛售日元的风险。当然，笔者的影响力有限，但在推进"从储蓄转向投资"的过程中，完全未曾

147

考虑到日元贬值或利率上升几乎是不可能的。

此外，即使考虑到了这些，政府和执政党也没有必要大肆宣传"难言之隐"。当政府呼吁国民开始投资，却又说要限制投资美国股票时，国民会有什么反应呢？他们很可能会表达对无法投资美国股票的不满，而这将直接影响资产运用立国的推进。因此，我们需要接受这一"难言之隐"。在讨论资产运用立国的目标时，重要的是要明确其理想的最终目标是什么。毕竟，正是在权衡了各种利弊之后，才会选择推动资产运用立国这一政策方向。

利用该制度的日本国民也应当认识到这一"难言之隐"，即家庭金融资产的波动可能对汇率和利率产生重大（负面）影响。而这样的讨论如果在政治上受到关注，现行制度框架可能不会持续太久。行政机构可能会根据经济和金融形势的变化，适时调整所提供的框架。虽然目前这种可能性不大，但可以做好心理准备，这样在紧急情况下也能保持镇定。

不过，考虑到投资已经开始，现有的制度框架不太可能会被彻底推翻。作为替代方案，可以考虑在即将到来的"下一次制度扩充"时，建立一个只限于日元资产投资的新框架。值得注意的是，英国在2024年4月宣布将设立一个新的框架，专门针对国内股票投资，这个框架基于NISA（日本的个人储蓄账户）的原型ISA（个人储蓄账户）。当然，设立这个新的框架的目的是促进对英国企业的投资，从而活跃金融市场。如果日本的家庭部门开始将多余的资金投向日本国内而不是海外，那么日本股票将会上涨，同时对日元的抛售也会受到抑制。

从众思想下分散投资的危险性

当然，英国的举措在现阶段也只是一种畅想而已。在本书撰写时，英国的相关举措尚未确定，未来的政治局势也可能使其搁浅。然而，如果英国真的采取了这样的措施，那么日本也有可能采取类似的行动。毫无疑问，从理论上讲，国际分散投资应当受到推崇，因此，对特定资产进行优待的政策干预受到批评也是可以理解的。此外，在日本刚开始推动资产运用立国的进程时，如果出现一些让人感到失望或打击信心的行为或政策（比如限制某些投资），那么这种做法将是不受欢迎的。这些看法都是合理的。

尽管如此，正如之前提到的，日本人往往会忽视有逻辑的、合理的理由，并不深入考虑而只是随大流，从而导致事情单向且迅速地发展。日本人这种进行海外投资的行为模式让笔者感到不安。

坦率地说，自 2024 年 1 月以来，很多个人投资者纷纷投资于全球股票基金，但他们是否真的在考虑国际分散投资的好处呢？在各种媒体纷纷推崇 eMAXIS Slim 全球股票的推动下,是否有很多人只是随大流,单纯地模仿呢(即使 eMAXIS Slim 全球股票本身是一个优秀的产品)?此外,在进行分散投资的同时,有多少个人投资者能意识到全球基金中有超过 60% 是由美国股票构成的呢?如果这只是"大家都在做"的氛围驱动的投资热潮,那么,家庭部门可能会过度承担风险,从而导致日元贬值或日元利率的过度上升。制度在现实的背景下逐渐进行微调是可能的,而且也是必要的。家庭并不一定如理论所假设的那样高明。

资产运用立国的最终归宿在哪里

日本已经开始朝着"资产运用立国"的目标迈进,但目前尚不清楚最终想要达到什么样的结果。随着新的 NISA 的推出,日本家庭部门对海外股票投资的热情高涨,实际上是因为设置了"免税额度"来鼓励购买海外股票。这也可以解读为"用税收优惠来支持海外股票投资"。因此,政府正试图以这种方式实现资产运用立国的目标,作为国民,应该认真思考这一过程的后果和影响。

理想的目标可能是像美国经济那样,家庭金融资产中超过三成是股票,并通过股市上涨来激发消费和投资的意愿。如前所述,日本人往往会盲目跟风,采取不理性的行为,如果许多国民对日元和日本经济的未来感到悲观并倾向于投资海外市场(尤其是"eMAXIS Slim 全球股票"等类型的投资),那么他们持有海外股票和投资资金的比例可能会持续增加。在这种情况下,日本家庭部门持有的股票主要是海外的,尤其是美国的。此外,购买股票实际上就是在付出货币价值(导致日元贬值)。日元以及日本经济本来在很大程度上受美联储货币政策(美国利率)的影响,但考虑到日本未来可能会接受日元贬值的常态,因此消费和投资意愿可能会同时受到更容易波动的美国股票走势的影响。

如果日本的经济结构逐渐以海外投资为主,那么美联储(FRB)的货币政策将更加受到日本民众的关注。例如,在美联储加息阶段,通常会预期到因美国利率上升导致的美国股市下跌,以及因日美利差扩大而引发的日元贬值和美元升值(这只是典型的预期,实际情况可能更加复杂,后面提到的降息阶段同样如此)。在这种情形下,日本家庭可能会面临"双重打击":一方面是由于美国股市下跌导致的"反资产效应"(资产价值减少导致的消费和投资意愿下降),另一方面是由于日元贬值引发的成本推动型通货膨胀(物价上涨)。

相反,在美联储降息的情况下,通常会预期美国利率下降、美国股市上涨以及日元升值(美元贬值)。如果美国股市上涨,日本家庭的资产可能会增值,而日元升值会使进口商品的成本下降,从而减轻通货膨胀压力。这对日本经济来说是一个较好的发展。但是,这种情况仍然需要谨慎对待。正如在第 2 章中围绕表 2-2 所讨论的那样,在已成为一个贸易逆差国的日本，即使美联储降息导致日元升值，产生的影响也可能不会非常显著。这样一来，虽然日本家庭可能享受到美国股市上涨带来的资产效应，但由于日元贬值而引发的成本推动型通货膨胀仍然会在一定程度上存在，可能会抵消资产效应。

当然，这些讨论是对现实的简化。在本书撰写时，资产运用立国的建设才刚刚开始，相关统计数据还不够充分。因此，这些关于未来发展方向的讨论，也有可能过于悲观。然而，许多人都对日本的投资者在享受免税政策的同时，仍然将资产投资于海外而非促进国内经济的发展这一趋势表示担忧。尽管这种情况是历史上普遍存在的，但未来的日本经济可能会越来越依赖于美国经济及其美联储的货币政策。关于资产运用立国的最终目标，笔者希望在未来，基于相关统计数据的明确化，继续进行调查和分析。

日本人的消费行为与内外金融市场链接的时代

总结一下本章的内容。历史上，日本家庭的金融资产主要由日元现金和存款构成，因此他们的消费和投资行为不太受国际金融市场波动的影响。然而，如果日本家庭持有越来越多的国内外风险资产（如美国股票），那么日本家庭的消费和投资行为就不可避免地会受到美联储及其他海外中央银行的政策和资产价格波动的影响。随着日本人对海外投资的

第 3 章 资产运用立国的难言之隐

关注和参与，消费行为的变化可能会与全球金融市场的变化密切相关，这提供了一个值得深入研究和分析的方向。

如果未来日本的名义工资增长率无法超过通货膨胀率（即实际工资下降），那么政府强调资产运用的必要性是合理的，甚至可能是唯一的选择。考虑到日本名义工资长期低迷，政府和执政党希望国民"通过投资来弥补"的想法并不奇怪。即使如此，资产运用立国的政策仍然为国民提供了选择，因此笔者认为这一政策并不坏。

此外，随着"资产运用需求增加"的预期，日本金融厅发布的"2023 年 9 月末的 NISA 账户使用情况调查"显示，30 多岁（17.5%）、40 多岁（18.9%）和 50 多岁（18.3%）是核心群体，60 岁以上的比例逐渐下降。从另一个角度看，未来的老年人群体与以往的老年人群体不同，他们具备投资意愿和金融素养。同时，30～60 岁的人群由于经历了日元贬值的影响，可能会更加意识到外币资产投资的重要性，因而他们对外币资产投资有更强的意愿。如果认为日元贬值的趋势会持续下去（即使短期内可能会出现日元升值），那么持有外币资产就不仅仅是为了投资，更是一种保护自己资产的策略。随着对自身资产安全的危机感增强，一直偏向于储蓄的日本人可能会开始积极投资外币资产，以应对潜在的经济风险。与过去的世代相比，未来的年轻人的这种防御意识可能会更强。因此，笔者认为资产运用的需求不会减少，尽管政府的政策可能会受到影响。

同时，如果大部分的投资集中在外币资产上，那么则有必要研究和分析它的影响和副作用。经济学家和金融市场的专家们将定期提出与资产运用、金融市场相关的问题。在追求成为资产运用国的过程中，日本人的消费和投资行为与国际金融市场的联系将越来越紧密，对美国政策的依赖性也会增加。这种依赖引发的担忧当然是合理的，但与过去25年名义工资没有增长的情况相比，现在仍然存在一些希望。虽然还需要进行大量调查和分析，但笔者认为，在让国民关注资产运用领域这一点上，多少已经算是有所收获了。

第 4 章

购买力平价理论为何不再适用

从购买力平价理论看美元/日元汇率

外汇市场并不存在一个明确的"公允价值",因此在这个市场中,各种不同的观点和看法相互交织、碰撞。如果坚持从理论角度讨论问题,则可以关注购买力平价(PPP)理论。该理论认为,从长远来看,两个国家提供的商品和服务的价格会趋向于一个均衡的汇率。因此,PPP为我们提供了一个理论上的参考框架,有助于我们理解汇率的变化。本章将讨论PPP与日元汇率的关系。近年来有很多论调认为"购买力平价理论不再适用",而本章的目的就是解释其背景和原因。

购买力平价是假设在一个理想的世界中,某种商品的价格在不同国家应该是相同的(即"一物一价")。例如,如果在日本一支圆珠笔售价100日元,而在美国售价1美元,那么美元/日元汇率的PPP就是100日元(100日元=1美元)。如果同样的圆珠笔在美国售价2美元,那么PPP就是50日元(100日元=2美元)。当然,现实世界中并非所有商品都能像圆珠笔那样在不同国家之间自由贸易,因为各国间还存在关税壁垒和非关税壁垒(例如进口数量限制或某些国家特有的商业惯例等),因此"一物一价"并不一定能完全成立。更不用说像理发这样的服务的价格,由于各种因素的影响,无法实现一致。因此,虽然短期内PPP可能无法成立,但从长期来看，它不会有过大的偏差。

需要注意的是，在基于一物一价理论的思考方式中，英国经济专业杂志《经济学人》所计算出的"巨无霸指数"（The Big Mac Index）非常有名，很多读者可能听说过。上文例子提到了圆珠笔，而巨无霸指数则以麦当劳巨无霸的销售价格作为全球通用商品的基准来计算购买力平价。据 2024 年 1 月的数据，日本巨无霸的价格为 450 日元，而美国为 5.69 美元，因此 PPP 按巨无霸指数计算为 79.09 日元[30]。到 2024 年 1 月底，美元/日元汇率为 147 日元，而根据巨无霸指数的计算，得出的结论是日元的价值大约被低估了 46%。可以看出，巨无霸指数几乎没有参考价值。对此有很多种说法，比如需要考虑巨无霸的制造成本除了包括小麦、牛肉、番茄、莴苣等可贸易商品（贸易品），还包括门店租金和人工成本等不可贸易商品（非贸易品）。研究表明，巨无霸的内外价格差约有 60% 可以用非贸易品来解释。最后，可以推测出日本巨无霸价格较低的原因是，相较美国来说，日本有较多劳动者工资很低。

除此之外，最近还出现了使用星巴克拿铁计算 PPP 的"星巴克指数"，以及使用苹果公司产品计算的"苹果指数"等。虽然这些并不是完全可靠的指标，但如果在旅行时稍微留意，你就能掌握日本与其他国家的价格差异。因此，感兴趣的读者不妨试试。顺便一提，笔者在国外出差时，即使不是特别想喝咖啡，也会找家星巴克进去坐坐。

无法再使用的 PPP 理论

接下来，让我们进入正题，探讨 PPP 与美元／日元汇率的关系。长期以来，PPP 在分析美元／日元汇率时都曾是有用的工具。使用过去式是因为"它已经不再有用"，这一点将在后文详细说明。正如前面提到的圆珠笔、巨无霸汉堡、星巴克拿铁等，PPP 的计算水平取决于"使用哪种商品的物价"。在经济和金融分析领域，通常使用消费者物价指数、生产者物价指数和出口物价指数这三种物价指数。此外，这些物价指数所用的基准时间点也会成为讨论的对象。通常会选择 1973 年作为基准年，因为这一年标志着各国浮动汇率制的完全实行，且经常收支大致处于均衡状态。根据笔者的经验，使用生产者物价指数的 1973 年基准 PPP 常常被用来评估日元汇率的前景。在接下来的讨论中，我将把通过各物价指数计算出的 PPP 分别称为消费者物价基础 PPP、生产者物价基础 PPP 和出口物价基础 PPP。作为参考，在 2023 年 12 月时，消费者物价基础 PPP 约为 108 日元，生产者物价基础 PPP 约为 91 日元。出口物价基础 PPP 不太被参考，但作为补充信息，这一数值在 61 日元左右。与该水平相比，2023 年末的美元／日元实际汇率约为 141 日元，明显处于日元贬值和美元升值的高水平。

回顾 1973 年以后美元／日元汇率与 PPP 的历史，生产者物价基础 PPP 在相对较长的时间内发挥了实际汇率的上限作用，尤其是在 20 世纪 90 年代末到 2012 年期间（见图 4-1）。即使实际汇率超过生产者物价基础 PPP，也几乎不会达到消费者物价基础 PPP，更不用说超过这个水平了。唯一的例外是 20 世纪 80 年代初，当时美元经历了大幅升值，随后导致了 1985 年的"广场协议"。除了这一需要国际合作来解决的特殊时期，日本生产者物价基础 PPP 一直是一个相对有效的衡量标准。

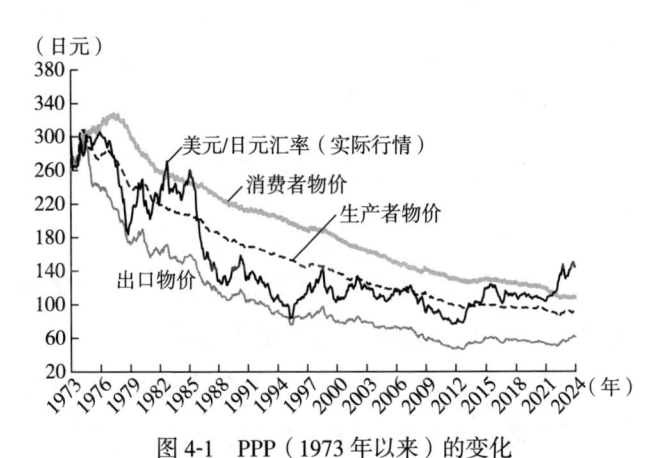

图 4-1　PPP（1973 年以来）的变化

资料来源：Datastream.

然而，如图 4-1 所示，2013～2014 年，美元／日元实际汇率首次突破了生产者物价基础 PPP，并至今仍未回落。到 2021 年下半年，实际汇率达到了消费者物价基础 PPP，随后又大幅超过此水平，并持续到本书撰写时。2023 年，美元／日元实际汇率比消费者物价基础 PPP 的预期高出 30% 以上。

即便使用这个历史上极少触及的标准，自 2022 年 3 月以来的日元贬值趋势仍然无法解释。此外，从长期作为汇率"上限"的生产者物价基础 PPP 来看，2023 年的美元／日元实际汇率显示出日元相对美元贬值了 50%～60%。短短 10 年内，汇率已经转向一个完全不同的水平。

长期以来，虽然 PPP 并非绝对精准的衡量标准，但也从未出现过与实际汇率有如此大偏离的情况，简单来说，可以称其"已经失去作用"。接下来，笔者将阐述为什么会出现这种情况。

PPP 对比下什么是"日元过度贬值"

自 2022 年 3 月以来，日元贬值加速，有许多人问："PPP 对比下的'日元过度贬值'是否会持续很久？"事实上，确实有一些专家报告得出了"不会持续很久"的结论。然而，笔者想强调两点来回应这种"日元过度贬值不会持续很久"的观点：第一，美元／日元汇率对 PPP 的偏离并不是从 2022 年 3 月才开始出现的，而是在更早之前就已经出现了；第二，要称之为"日元过度贬值"，还必须伴随出口数量的增加。

应该将第一点和第二点结合起来理解。如图 4-1 所示，长期以来，实际汇率的上限一直由生产者物价基础 PPP 决定，但自2013年以来，实际汇率明显突破了这一水平，并且在本书撰写时仍未回落。因此，在比较PPP与实际汇率时，较大的偏离应该始于2013年，而非2022年3月的日元贬值。换句话说，这种偏离PPP的某种结构性变化早已发生，并持续了10年以上。由于这种结构性变化的影响日益加深，现在生产者物价基础PPP或消费者物价基础PPP都已失去了作为参照的意义。这是笔者认为应当具备的宏观视角。

那么，2013年前后发生了什么？这一点在第2章和前著中已有解释。2011年到2012年，日本的贸易顺差开始消失，进入了贸易逆差持续扩大的时期（见图4-2）。这里想强调第二点："要称之为'日元过度贬值'，还必须伴随出口数量的增加。"简而言之，PPP对比下的"日元过度贬值"如果真正成立，那么这种过度贬值应推动出口数量的增加，从而积累贸易顺差，并通过实际需求的日元买入带动日元升值。只有完成这一过程，才可以确认"日元过度贬值"，而不仅仅是基于初期汇率水平做出的判断。然而，现在"日元贬值会导致出口数量增加"这个机制已经不再起作用。尽管自2021年起日元迅速贬值、美元大幅升值，但出口数量却显著减少。而2013年后的"安倍经济学"也导致了日元大幅贬值，但出口数量基本保持平稳（见图4-3）。简而言之，现在的日本即使货币大幅贬值，也已失去了借此向世界推销商品的能力。

日元贬值的背后

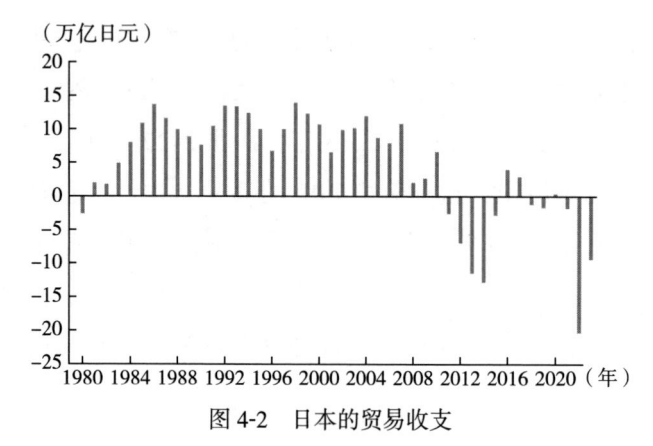

图 4-2 日本的贸易收支

资料来源：macrobond.

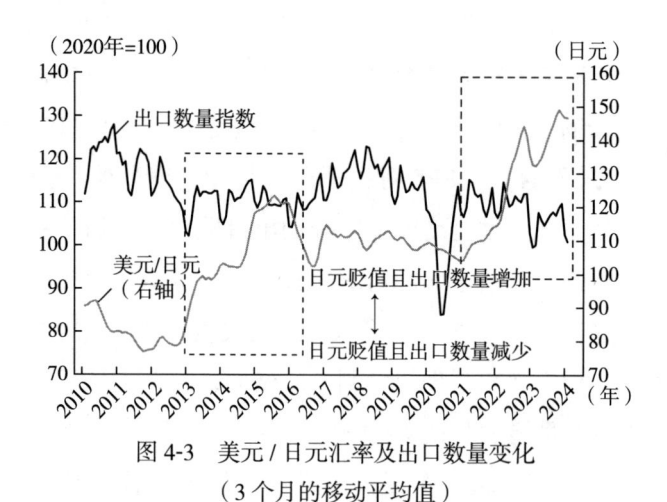

图 4-3 美元/日元汇率及出口数量变化
（3 个月的移动平均值）

资料来源：INDB.

如今，日元贬值期待的效果不是出口数量增加，而是股价上涨

因此，日元贬值所期待的效果不再是通过出口数量的增加来推动实体经济，而是提高海外日本企业的收益进而影响股价，名义 GDP 是否会因此上升也成了争论的焦点。2024 年 2 月 22 日，日经指数创下约 34 年来的新高，并在同年 3 月 4 日首次突破 4 万点大关，出现了类似泡沫经济时期的股价上涨的现象。同时，这段时期日元对美元汇率也跌至 150 日元以上，日元进一步贬值。在这种情况下，可以推测日本股市的上升受到了日元贬值的强力支持。因此，笔者认为这体现了日本经济从通缩转向通胀的过程，这种变化为股价提供了上行动力。关于这一点，笔者将在"专栏⑤ 日经平均股价上涨是'通胀的恩惠'"中详细讨论。

如果假设当前的经济结构不支持通过日元贬值来增加出口数量，那么即使说"基于 PPP，现在的日元贬值是过度的，因此应该警惕日元升值"，实际上也并不能像过去那样逻辑清晰地解释汇率调整的过程。仅仅通过比较实际汇率和 PPP 水平来指责"过度贬值"是相对简单且有冲击力的，但无法有效地解释汇率调整的过程。这种做法就像技术分析一样，不能提供真正有价值的见解。虽然笔者尊重技术分析，但认为这种方式在讨论 PPP 时是无意义的。

"修正的不是实际汇率而是PPP"

回到PPP和美元/日元汇率的关系上。当然，判断是否"日元过度贬值"需要多种标准，因此不能轻易地下结论。然而，要让PPP调整为日元升值、美元贬值，必须伴随出口数量的增加（以及贸易顺差的增加）。一旦无法再期待这一点，相对于PPP而言的"日元过度贬值"的市场现象也应该从不同于以往的角度来分析。

如果比较日美两国的经济，长期以来由于"美国的通胀"和"日本的通缩"，从PPP的计算角度来看，日元升值的结构很容易被合理化。而实际上，美元/日元汇率的历史就是"日元升值的历史"。因此，可以说日本是按照PPP所指示的货币发展轨迹走来的。

然而，从2024年起，人们逐渐形成了一种"日本已不再处于通缩状态"的共识。尽管本书不会详细讨论日本物价开始上涨的原因，但名义工资的上涨趋势无疑是物价上涨的原因之一。在劳动力短缺日益严重的社会中，名义工资不上涨几乎是不可能的。同时，在名义工资上涨的社会中，维持通缩状态也不大可能。因此，有充分理由认为，PPP可能会从过去指向的日元升值水平的方向，逐渐修正为指向日元贬值的水平。至少，需意识到"通缩货币必然升值"这一前提正在动摇。

除了第 1 章和第 2 章讨论的供需结构的变化，目前日本经济的物价环境也可能处于一个过渡阶段。尽管未来的情况无法确定，但在假设日本摆脱通缩并进入通胀的前提下，笔者认为需要修正的可能不是实际汇率，而是 PPP。

通过旅游出口"进口"通胀压力

通过以上讨论，我们可以确认，日本已经失去了"通过日元贬值增加出口数量，积累贸易顺差，并通过顺差推动日元买盘"的传统调整路径。因此，基于 PPP 的"日元过度贬值"论点的意义也在减弱。

严格来说，在"日元过度贬值"的状态下，日本出口确实有所增加，只不过增加的并非汽车、电子产品等实物商品的出口，而是旅游等服务的出口。截至本书撰写时，旅游收支几乎成为日本主动获取外汇的唯一途径。前面提到，"现在的日本即使货币大幅贬值，也已失去了向世界推销商品的能力"，但更准确地说，尽管"实物商品"的出口能力不足，但在"服务"出口方面，日本依然具有一定的竞争力。从 2023 年起，随着疫情的结束，对日本的入境需求迅速回升，在东京等热门旅游地，与外国游客的消费和投资意愿相关的商品和服务的价格普遍上涨。

在疫情严重、对日本的入境需求受到极大限制的时期，笔者曾在前著中做出预测："未来，以东京都为中心的商品和服务的价格，可能会根据外国人的消费和投资需求逐步上涨。虽然这一影响会有一定的延迟，但日本也可能像威尼斯（意大利）或巴黎（法国）一样，许多商品和服务的价格更偏向于非居民，从而出现所谓的'旅游地价格'现象。"

这一预测几乎已成现实。2023年9月2日，《日本经济新闻》报道称，"东京市中心酒店价格上涨三成，超越美英，东京皇宫酒店每晚10万日元"，并指出东京都高档酒店的平均房价正以比纽约和伦敦更快的速度上涨。酒店住宿费用的快速上涨只是一个例子，周边行业的物价上涨可能还将持续。

正如"专栏②　日本有多依赖旅游收支"中所述，支撑入境需求的旅游业正面临前所未有的劳动力短缺，导致了虽然有需求但供给跟不上的局面。在本书撰写时，旅游业的名义工资正在稳步上涨，这可能会对整体物价产生影响。如在第5章中将提到的，北海道虻田郡的住宿清洁员时薪已达到北海道平均时薪的两倍。尽管虻田郡是个极端例子，但在旅游需求旺盛的地区，这种情况应该也不少。

今后，由于基于PPP的"日元过度贬值"，日本可能不再依赖商品出口，而是通过加强服务（尤其是旅游服务）出口来赚取外汇。最终，日本可能会通过吸引外国游客的消费与投资意愿，逐渐从海外引入通胀压力，走上一条由外需驱动价格上涨的道路。当然，除了服务出口带来的通胀压力，日元贬值还会推高矿物燃料和食品等进口商品的价格。如果物价持续上涨，那么由通缩历史导致的"日元升值的历史"今后可能会被打破。从这一角度看，尽管当前的分析中往往将PPP对比下的"日元过度贬值"视为问题，但如果放眼未来，也许需要思考的不是实际汇率的修正，而是PPP本身的调整。

劳动力短缺只是个开始

笔者几乎每天都会与各类企业的负责人交流。在近年来的研讨会和讲座的问答环节中，"劳动力短缺和工资上涨"已成为高频话题。在本书撰写时，日本已经面临前所未有的劳动力短缺。然而，从宏观角度来看，与即将到来的更加严重的人手短缺相比，目前的状况或许还只是个开始。

如图4-4所示，预计到2030年左右，日本劳动年龄人口（15～65岁）仍将多于就业人数，因此在额外劳动力供给方面仍有一定空间。然而，根据日本内阁府《令和5年版高龄社会白皮书》等预测数据来看，2035年之后，日本的劳动年龄人口将明显低于2023年的就业人数（约6750万人）。尽管今后随着推算数据的修订可能会有一定的波动，但总体来看，以2035年前后为分界点，以往依赖劳动投入量支撑的经济增长模式可能会变得难以为继，这一趋势值得关注。必然会出现各经济主体为维持经济活动而争夺劳动力的情况。在这种情况下，名义工资没有理由不上涨。

然而，不是由于附加值的提高或生产率的提升而带来的名义工资上升，可能会导致企业利润被压缩从而给企业带来负担。正如前文所述，因日元贬值而引发的入境需求增加或矿物燃料价格上涨等外部因素会导致短期的通胀，但从长期来看，劳动力短缺这一内部因素才是持续通胀的原因。克服劳动力短缺的最简单方法之一是大规模接纳移民，但由于在政治上这一议题通常被视为禁忌，因此不太可能成为未来的主要选择。

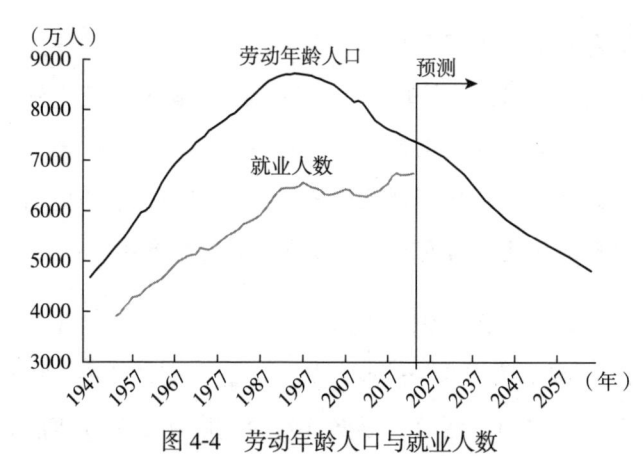

图 4-4 劳动年龄人口与就业人数

注：未发表的劳动年龄人口推算由作者通过线性插值完成。
资料来源：内阁府《令和 5 年版高龄社会白皮书》、总务省。截至 2023 年为就业人数的实际数据。

如何摆脱"半个世纪以来的最低值"

与"日元过度贬值"的表述类似，经常能听到的"半个

第4章 购买力平价理论为何不再适用

世纪以来的最低值"这一表达通常用于描述日元的实际有效汇率（REER），正如前面图3-2所示。关于其理论背景的详细说明略去不谈，REER以其有回归长期平均水平的特性（即均值回归倾向）而著称。因此，通过比较REER当前水平与长期平均水平（例如过去20年的平均值），并关注其偏离程度，往往可以评估汇率是低估还是高估了。例如，美国财政部每半年发布的汇率政策报告[31]中，常常会比较当前的汇率水平与过去20年的平均水平。基于这一理论视角，日元的REER在2022年和2023年始终处于比长期平均水平低20%～30%的低估状态，因此，日元会在何时、以何种方式升值成了人们关注的焦点。

关于日元REER的上升，主要有以下几种调整路径：（1）通过名义汇率实现日元升值；（2）日本相对于他国出现通胀，或两者兼而有之。考虑到在第1章和第2章中确认的国际收支结构的变化以及在第3章中讨论的家庭部门投资行为的转变，路径（1）几乎不可能实现（反而会受外币流出的影响，导致名义上日元贬值），因此不得不探索路径（2）的可能性。在前著中笔者已表明REER的调整并不一定必须通过名义汇率的日元升值才能实现，并表达了对路径（2）的可能性的担忧。在本书撰写时，这一观点并未改变。正如前面所讨论的，如果通过旅游收支的渠道输入通胀压力，而且日本国内名义工资随着人口变化进入上升趋势，那么过去因通缩而完全未曾考虑的调整路径（2），反而会逐渐变得现实可行。

当然，由于浮动汇率制度的存在，路径（1）也可能会间歇性地发挥作用。尤其是在美联储的政策从加息转向降息的关键时期，由于日美利差缩小，可能会出现短期的日元升值与美元贬值的情况。然而，相较于日本历史上巨额贸易顺差所带来的日元大幅升值，这种升值的持久性和力度会有所不足。正如前述图 2-7 的矩阵中所展示的，作为贸易逆差国的日本，美联储降息并不一定会让日元像过去一样升值。

如上所述，目前的日元汇率在 PPP 对比下被认为是"过度贬值"，在 REER 指标下则被称为"半个世纪以来的最低值"，这些现象都表明日本经济正朝着"通胀化"方向调整。考虑到这一点，近年来日本国内的股票、不动产以及高端进口商品（如汽车、手表等）价格猛涨的现象也有了解释（这一点将在"专栏⑤ 日经平均股价上涨是'通胀的恩惠'"中详细讨论）。在日本经济和金融状况发生巨大变化的背景下，PPP 和 REER 等传统指标的使用方式也需要与时俱进，进行相应的更新。

专栏⑤ 日经平均股价上涨是"通胀的恩惠"

约 34 年来的股价新高

2024 年 2 月 22 日，日经平均股价在时隔 34 年后超越了 1989 年 12 月 29 日创下的历史最高值（38 915 点），并于同年 3 月 4 日首次突破 40 000 点大关。笔者并非股市专家，但

第4章 购买力平价理论为何不再适用

在报告和专栏发布下述见解时，常被要求在报纸和电视等媒体上进行解说，并且似乎获得了强烈的关注与认同。因此借此专栏简要说明一下笔者对股价上涨的看法。

截至本书出版之时，笔者无法确定日本自2024年初以来所经历的股市上涨能持续多久。然而，如果假设日本股市的上涨具有持续性，笔者认为，这可以归因于"通胀的恩惠"。在新冠疫情后，日本一方面持续面临本国货币贬值的压力，另一方面却频繁传出股票和不动产价格上涨的消息。如前所述，日经指数突破了1989年12月的曾被认为"永远无法超越"的历史高点。虽然这只是名义上的股价水平，而且指数成分股在此期间（1989～2024年）发生了大幅更替，因此直接与当年的数字进行简单比较并不具备统计意义，但回顾日本股市长期低迷的历史，高点被刷新所带来的喜悦和热议是可以理解的。此外，从海外进口的商品（如汽车、手表和珠宝等）也普遍面临价格大幅上涨。当然，这些现象可以归因于各种个别因素，但如果要用一个词来概括这些变化，那就是"通胀"。

回顾20世纪90年代以来的日本经济史，持续的日元升值、股价低迷、利率长期处于低位、名义工资停滞不前等现象，一直被视为"通缩的象征"而饱受厌恶。换句话说，一旦日本成功摆脱通缩，这些现象发生逆转也并不令人意外。事实上，自2022年以来，日元持续贬值，股价大幅上涨，利率有所回升，名义工资也呈现上涨趋势。（2024

年3月19日，日本央行在金融政策决策会议上终止了负利率政策。）

当然，股价上涨背后也反映了日本企业（尤其是出口企业）业绩的改善，从这一点来看，股价的上涨可以被视为基于基本面的合理表现。然而，从更宏观的角度来看，可以说随着日本经济逐渐摆脱通缩这一范式的转变，外界对其"评价视角正在发生变化"。不过，需要注意的是，"评价视角的变化"未必一定是积极的。

货币贬值与股价上涨的相互关联

由于通胀会导致货币贬值和股市上涨，所以货币贬值和股市上涨之间的关联性自然会很高，从表4-1中可以清楚地看到这一点。该图展示了2024年3月4日日经股指突破40 000点时，过去一年中主要股指的涨幅前十名[32]，并附上了同期各国货币对美元的汇率变化。就股指涨幅而言，日本勉强进入前十名。再看看其他国家，还不如说日本是"不小心进入"。如图所示，前十名中，日本是唯一的发达国家。各国货币对美元的汇率变化也同时列了出来，前十名国家的平均变化率约为 –25%，前五名的平均变化率约为 –40%（对于排名第4和第6的土耳其新里拉，统计时仅计算一次）。日本的变化率是 –10%，并不算特别大，但也不能说很小。虽然这些货币的贬值幅度有所不同，但一个共同点是，这些货币都在对美元汇率中出现了下跌。

第4章 购买力平价理论为何不再适用

表4-1 全球主要股票指数（主要为涨幅前10位）

位次	指数名称	股价指数	对美元的本国货币变化率	国家
第1位	阿根廷梅尔瓦指数	326.09%	−76.5	阿根廷
第2位	EGX 30指数	81.29%	−0.8	埃及
第3位	尼日利亚全股指数	78.01%	−70.0	尼日利亚
第4位	伊斯坦布尔100指数	70.89%	−40.5	土耳其
第5位	卢萨卡证券交易所指数	65.33%	−15.5	赞比亚
第6位	伊斯坦布尔BIST30指数	63.66%	−40.5	土耳其
第7位	卡拉奇KSE100指数	59.53%	−1.3	巴基斯坦
第8位	布达佩斯证券交易所指数	49.23%	−2.2	匈牙利
第9位	哈萨克斯坦证券交易所指数	46.25%	−4.7	哈萨克斯坦
第10位	日经指数	43.62%	−9.7	日本
第32位	纽约道琼斯指数	16.77%	—	美国

注：2023年3月3日至2024年3月4日的12个月的数据。2024年3月4日，日经指数首次突破40 000点。

资料来源：彭博社。

在通胀压力较大的国家，本国货币往往容易贬值，而这种贬值也会推动以本币计价的股票指数上升。理论上这种现象是可以预期的，且通常发生在发展中国家，但在日本这样的发达国家较为罕见。此前提到对日本经济的"评价视角的变化"，其实是指日本在"发达国家"与"发展中国家"这两大国家群体中的定位正受到质疑。通常从发展中国家迈向发达国家的国家被称为中等收入国家，日本是否正在被怀疑属于这一类别呢？虽然笔者对此并不绝对确信，但种种迹象似乎支持了这一观点。

基于上述情况，日本股价的上涨也包含了日元贬值对日本企业海外收益的推升效果。然而，更为根本的原因可能在于，受国内外通胀压力的影响，日本各类资产的名义价值开始普遍膨胀。正如之前所讨论的，价格上涨并不仅仅局限于股市。

股市上涨与经济低迷并不矛盾

尽管股市表现良好，但"日本经济低迷股市却在上涨""股市上涨与经济实际感受脱节"等报道屡见不鲜。事实上，每当股市上涨，这种论调就会出现。然而，股市上涨与日本经济低迷之间并不存在矛盾或脱节。

如第2章所述，分析近年来日本的国际收支结构可以发现，日本企业所赚取的收益有相当一部分没有流回国内，而是滞留海外。因此，日本经常收支顺差的主要组成部分，即初次收支顺差，虽然在统计上呈现顺差，但从现金流的角度看，可能只有约三分之一到四分之一转化为了日元买盘。由此，日本经常收支可能正出现"现金流赤字"。这正是笔者将日本的对外经济状况描述为"虚假的贸易顺差国"的原因。

"日本企业的收益滞留海外"的现象除了通过国际收支，还可以通过更细微的数据得到确认。图4-5是基于日本经济产业省《海外业务活动基本调查》的数据，显示的是日本企业海外留存收益的变化情况。2021年度（2021年4月到2022年3月）的调查显示，这一数字达到约48万亿日元，创下历史新高。考虑到日元贬值始于2022年3月，这一影响在2021年度的调查数据中已逐步体现。在本书撰写时，2022年度和2023年度的数据尚未公布，但可以推测，日元贬值的影响会更加明显，日本企业海外留存收益可能会进一步增加。虽然国内实体经济环境不佳，但日元贬值推动了日本企业收益的大幅增长，并在股市中有所体现，因此股市也随之上涨。

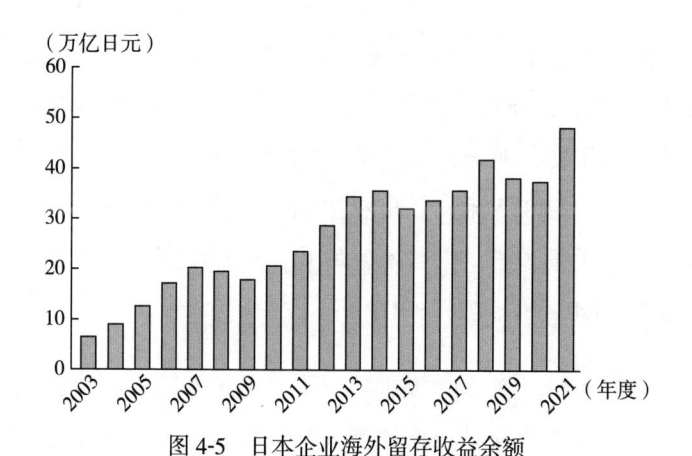

图 4-5 日本企业海外留存收益余额

资料来源：经济产业省《海外业务活动基本调查》。

通货膨胀下，GDP 的名实不符问题

尽管股市表现良好，但并未引起太多正面讨论，相反，实体经济的疲软更受关注。这不仅是由于日本家庭的股票和投资比例长期偏低，还因为通货膨胀带来的收益并未充分分

配到家庭部门。如第3章所述，针对"股票和投资比例偏低"这一现象，岸田政府正在推动以资产运用立国为目标的改革，尽管成效尚未定论，但未来可能会有所改变。这个问题需要时间才能解决，我们只能耐心等待。

然而，"通货膨胀带来的收益并未充分分配到家庭部门"的问题是否会得到改善，仍需持续关注。这一情况可以通过分析名义GDP和实际GDP的差距来理解。在过去的日本经济中，通货紧缩下的GDP"名实倒挂"（即实际GDP高于名义GDP）是一种典型现象，但如果进入通货膨胀时代，就会出现正常预估中名义GDP高于实际GDP的情况[33]。2023年12月，政府公布的经济展望显示，日本经济在2024年度将接近第二届安倍政府所设定的"GDP 600万亿日元"的目标（安倍政府在2015年曾提出在2020年度实现该目标）。尽管有一些乐观报道[34]，但需注意的是，这600万亿的目标指的是名义GDP，并非实际GDP。

众所周知，在通货膨胀环境下，名义GDP必然会增长。然而，在衡量民众对经济的真实感受时，更应关注剔除通货膨胀后的实际GDP的增长。如果实际GDP没有增长，仅名义GDP达到600万亿日元，民众感受到的真实经济情况仍然不会改善。实际数据表明，2021年到2023年，名义GDP从约560万亿日元增长到了592万亿日元，增加约32万亿日元，而同期实际GDP从约549万亿日元增长到了559万亿日元，仅增加10万亿日元。这意味着剩余的22万亿日元增长来自通货膨胀因素，这对于日本民众而言并不算经济增长（见图 4-6，千亿元以下都四舍五入为整数）。2023 年，日本经济的名义 GDP 增长率为 5.7%，而实际 GDP 增长率仅为 1.9%，甚至不到前者的一半。股市上涨和日元贬值或许反映了前者，但民众对经济的真实感受则基于后者。

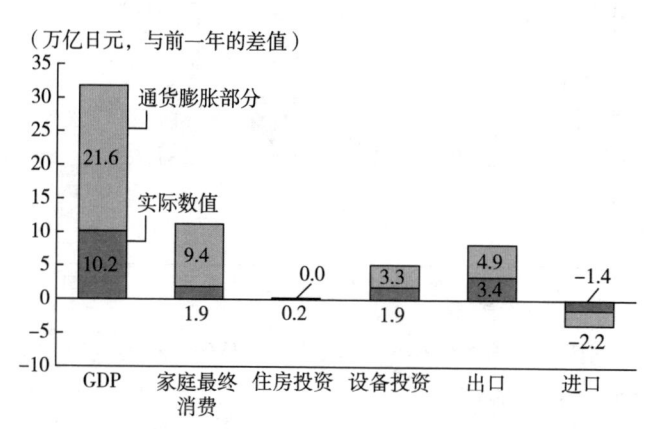

图 4-6　日本 GDP（2023 年与 2022 年的差，民间需求）

资料来源：内阁府。

若将分析进一步聚焦至更贴近国民经济感受的"居民最终消费"（即个人消费），会发现名义增长约为 11.2 万亿日元，但其中通货膨胀带来的增长为约 9.4 万亿日元，实际增长仅约 1.9 万亿日元。从增速来看，名义增速为 3.7%，而实际增速仅为 0.6%。个人消费的增长几乎完全被通货膨胀侵蚀，国民对经济的真实感受自然难以改善（见图 4-7）。当然，在通货膨胀环境下，企业的销售额和利润在短期内会增加，股价也因此更容易被推高。但这种增长源于消费者的

"借贷消费"。如果这种状况持续下去，就会形成"股市上涨但内需疲软"的局面。"经济衰退中的物价上涨"被称为"滞胀"，而日本经济目前似乎正接近这一状态。

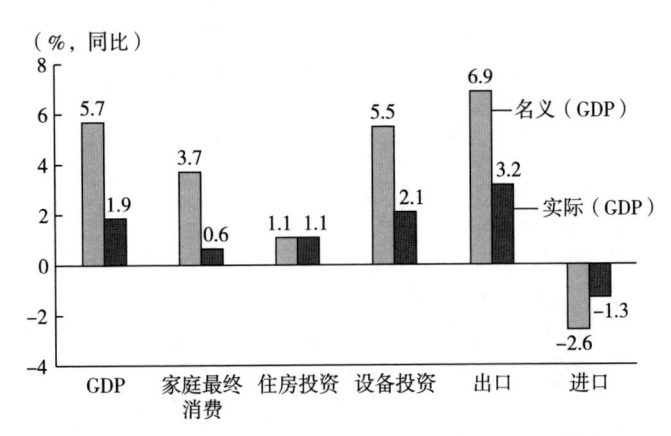

图 4-7　日本的 GDP（2023 年的增长率，居民需求）

资料来源：内阁府。

2024 年 3 月 18 日，岸田文雄在参议院预算委员会上表示[35]，"如果继续努力，21 世纪前半叶名义 GDP 达到 1000 万亿日元的目标可以实现"。考虑到日元贬值逐渐成为常态，且 GDP 的名实差距（即实际 GDP 增长乏力）越发明显，继续将重点放在名义 GDP 的增长上未必是合适的选择。

出口贸易表现较好的原因

图 4-6 和图 4-7 显示，在停滞的实际 GDP 中，出口贸易的表现似乎较好，名义增幅约为 8.3 万亿日元，而实际增幅约为 3.4 万亿日元，通胀带来的增幅为 4.9 万亿日元。虽然通

第 4 章 购买力平价理论为何不再适用

胀因素占比较大，但与个人消费相比，这一状况显得更为乐观。这说明日本出口企业在向海外市场销售商品时，能够有效地将通胀因素转嫁到价格中。这一点也可以从相关统计数据中得到印证。从 2023 年 7 月起，出口物价指数以合同货币计价（即按当地货币计价）持续同比增长，这表明日本企业能够根据国内外的通胀压力顺利实现价格转嫁（见图 4-8）。

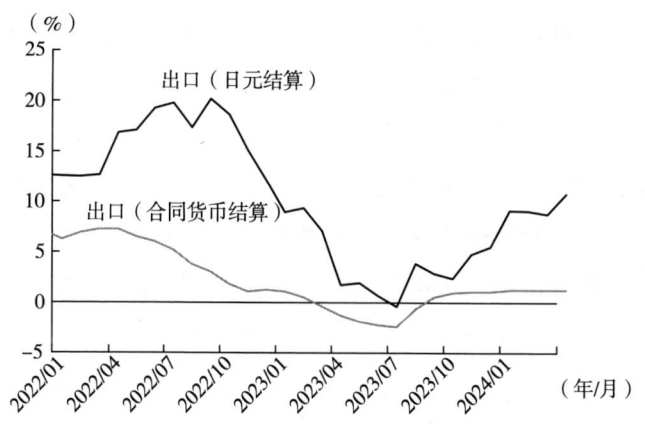

图 4-8　出口物价指数的同比变化率（日元／合同货币计价）
资料来源：日本银行。

理论上，日元贬值会通过以下路径对出口企业产生影响：以外币计价的出口商品价格下降，从而增加商品的出口数量。例如，当汇率为"1 美元 = 100 日元"时，一家公司以 1 美元的价格出口一支圆珠笔，如果汇率变为"1 美元 = 120 日元"，即日元贬值，那么该公司可以将售价降至 0.8 美元（0.8×120 日元 = 96 日元），而依然维持与之前相同的日元收入（96 日元 ≈ 100 日元）。然而，从统计数据来看，日本出口企业的实际做法是将商品的售价提高到 1.2 美元或 1.5 美元甚至更高水平。在这种情况下,日元贬值进一步推动了企业的销售额大幅增长(例如,1.2 美元 ×120 日元 ≈ 144 日元)。实际上,由于日元贬值幅度远超上述假设,出口企业因日元贬值带来的业绩改善幅度也更为显著。因此,日本股价随之被推高也是合情合理的。

如果出口企业能够在实际基础上实现一定程度的增长,那么关键在于企业部门的收入和利润增长是否能够通过提高名义工资的方式回馈给国内的家庭部门。这将成为振兴日本经济的关键所在。最终又回到了长期以来一直讨论的焦点:正是由于这种回馈不足,导致以实际基础来看,家庭最终消费几乎没有增长。在撰写本书时,尚难以断言日本是否真正已经从通缩转变为通胀状态,政府和执政党也尚未正式宣布已经摆脱通缩。然而,如果日元持续贬值,国内的股票和不动产等资产价格不断上涨,那么用"通胀导致的"来解释这些现象似乎会是一个合理的逻辑。

正如本书及前著所述,在长期日元贬值的背后,供需结构的变化是一个非常重要的事实。但也有可能,这仅仅是"通胀经济中的货币会贬值"这一理论逻辑的体现。从这个角度来思考问题,或许更有助于理解当前的日本经济现象。

是否可以期待家庭收入的改善

如前所述,尽管企业部门的收入有所增长,但如果这些收入没有回流日本国内，家庭部门的收入状况就不会得到改善，国内的消费和投资也会停滞不前。这种状况会不会持续下去呢？笔者认为可能会有所改变。正如本章前面讨论的，日本未来必将面临严重的劳动力短缺。如果是这样的话，通过名义工资的上涨，企业的收益最终还是会流向家庭部门。实际上，2023年到2024年，日本几乎每天都有关于加薪的报道，2024年春季劳资谈判（第一次统计结果）表明，基准薪资（基本薪）和定期升薪的加权平均加薪率为5.28%，是自1991年5.66%以来的最高增幅（见图4-9）。在一段时间内，具有原始资本的企业可能会采取加薪措施，因此，经过通胀调整后实际工资恢复增长并非没有可能。无论是劳动力还是其他稀缺资源，其价格必然会上涨。

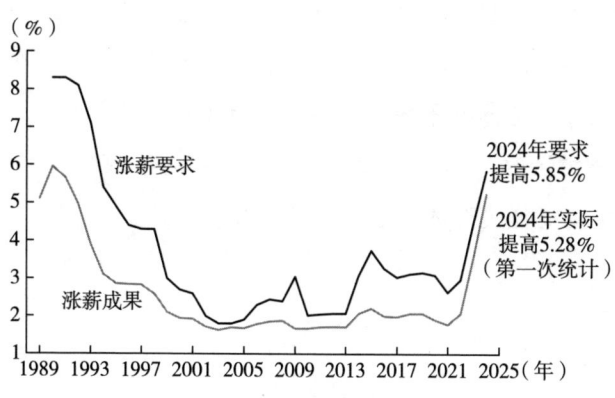

图4-9 春季劳资谈判的涨薪要求和涨薪成果

注：要求与日本劳动组合总联合会的方针不同。
资料来源：macrobond.

"经济情况与实际感受不同"不过是抱怨

回到股市的话题。如果日本社会的通货膨胀情况开始稳定并持续下去,那么股市和汇率的变化和调整也是完全可以理解的。正如本章讨论的,2022年以后日本面临的日元贬值,可能已经反映了未来的通货膨胀,且这种日元贬值正在推动股市上涨和不动产价格上涨。如果从这一角度考虑,一切就都能联系起来。虽然已经出现过相同的内容,但还是要重复一下。从20世纪90年代以来,长期的日元升值、低迷的股票市场、稳定低位的利率和停滞的名义工资被认为是"通缩的象征"。因此,在意识到"从通缩到通胀的转变"时,假设出现与上述现象相反的情况是合乎情理的。

媒体头条常常在股市上涨时报道"经济情况与实际感受不同",并对此进行批评,但这不过是抱怨而已。即使"经济情况与实际感受不同"是事实,也不能因此就认为"股市上涨是错误的"。认识到股票上涨是实际发生的,经济和金融形势是高度关联的,才是正确的看待方式。

第 5 章

日本能做些什么：如何利用日元贬值

旅游收支不能成为主要的经济支柱

从第1章到第4章，我们讨论了长期持续的日元贬值背后可能存在的供需结构和物价形势的重大变化。供需结构的变化可以从国际收支统计和家庭部门的动态中看出，物价形势的变化本书则从购买力平价（PPP）以及日本经济中存在的劳动力短缺等问题出发进行了讨论。当然，这些讨论中包含了笔者的假设，因此希望读者能理解。如果第1章到第4章中的讨论表明日元贬值确实已成为日本的常态，那么与其抱怨，不如寻找利用这一现象的建设性方法。

在这样的认知框架下，本章作为最后一章，将深入探讨"日本能做什么？"这一主题。换句话说，本章的目的是探讨"如何利用日元贬值"。依靠入境旅游需求来发展旅游大国的路线自然是首先想到的。然而，在本书撰写时，人们对于旅游立国的热情已不像过去一样高涨了。许多读者可能已经体会到，集中在某些地区和时段的游客过多，出现了过度拥挤和不文明的行为，影响了当地居民生活的同时降低了游客的满意度。这种所谓"过度旅游"的问题使得希望限制入境游客的氛围也显著增强了[36]。政府也已经开始采取行动，2024年2月13日，观光厅发布了"防止过度旅游措施"。该方案提出了改善交通和旅游基础设施，根据地区实际情况进行入境管理，进行不同需求的票价设置等措施。尽管本书撰写时无法评估这些措施的效果，但今后这些举措无疑会受到广泛关注。

正如在"专栏②　日本有多依赖旅游收支"中所讨论的，日本目前没有足够的人力资源来应对急剧增加的入境旅游需求，且这种情况将会进一步加剧。像北海道、京都等特别受欢迎的旅游地会成为参考案例，像东京这样的国际知名旅游城市，必须集中精力应对过度旅游问题。然而，过度旅游的原因之一就是劳动力短缺，所以从根本上解决这一问题显然非常困难。因此，依赖旅游收支顺差的方式已经接近其极限，这一问题预计会在不久的将来被广泛认知。

换句话说，虽然旅游立国确实是一个"利用日元贬值的策略"，但其上升空间有限。正如第1章和第2章所讲的国际收支结构变化，以及第3章提到的"家庭部门抛售日元"的现象，仅依靠旅游收支带来的日元购买需求来应对这一局面显然是不现实的。如第1章所述，2023年旅游收支的顺差达到了历史最高水平，但与此同时，构成服务收支的其他服务收支赤字也创下了历史新高。此外，贸易收支长期赤字，而初次收支顺差的大部分也无法指望回流至国内。在这样的背景下，单靠旅游收支顺差，根本无法改变日元的供需环境，依然会有"更多的人选择卖出日元"。

从一开始，笔者就对"通过旅游立国振兴日本经济"的论调持怀疑态度。在前著中也提到，仅凭外国游客的消费和投资，无法推动日本在整体就业、工资乃至物价等经济相关领域的显著改善。例如，在"过度旅游"一词频繁出现的 2023 年，外国游客的高额消费成了媒体报道的热点。观光厅公布的 2023 年外国游客消费金额（最终值）为 53 065 亿日元，这一数额虽然创下历史新高，但依然不到 2023 年日本名义 GDP（约 592 万亿日元）的 1%。即使经济不景气，日本也是世界第四大经济体，想要以旅游出口来支撑日本的经济情况显然不切实际。当然，从旅游出口中获取的外汇不可忽视，但若想将旅游立国视为"利用日元贬值的策略"，则应该冷静地认识到它只能是辅助性的手段，不能成为主要手段。

日本政府对促进外资投入愈加重视

如果说旅游收支是利用日元贬值的辅助手段，那么主要手段应该是什么呢？在本书撰写时，最合适的回答是促进外国对日的直接投资，这与岸田政府的政策方针一致。2023 年 6 月 16 日，作为下一年度预算编制和重要政策的基本方针，"2023 经济财政运营与改革基本方针"（"骨太方针"）经内阁会议决定，明确提出了外国对日直接投资余额的目标和期限。

通过积极引进海外的"人、物、资金和创意"，扩大日本整体投资，提高创新能力，进而推动日本经济进一步增长。力争在 2030 年实现对内直接投资余额达到 100 万亿日元的目标，尤其是在半导体等战略领域，以此助力日本经济的可持续增长和地区经济的振兴。

在"骨太方针"提出之前，日本对内直接投资的环境已经变得相当活跃。例如，2023 年 5 月 18 日，岸田文雄在首相官邸会见了海外主要半导体公司和研究机构的 7 位高管，并得到了广泛报道。具体来说，与岸田会面的有全球最大的半导体代工企业台积电（TSMC）、韩国三星电子、美国半导体大厂美光科技（Micron Technology）、IBM、英特尔（Intel）、应用材料公司以及比利时研究机构 IMEC 的首脑。在此次会谈中，岸田文雄表示，"政府将全力推动对日直接投资的进一步扩大，并支持半导体产业发展"，传达了吸引外资的方针。熊本县菊阳町的雇用和工资状况自 TSMC 工厂落地后发生了显著变化，证明了对日直接投资的经济效果。

这样的例子不止一个。仅在 2024 年初的四个月内，微软、亚马逊和甲骨文等美国大型 IT 企业就宣布将以增强在日本的数据中心为目的进行巨额投资[37]，投资总额若按报道所述，已超过 4 万亿日元。如后文所述，从全球来看，投资者更倾向于地缘政治上稳定的国家和地区，这种国际社会的分裂在某种程度上反而为日本带来了利好。

如果说旅游立国，即扩大旅游收支顺差，是吸引海外的"人"到日本的政策，那么对日直接投资就是吸引海外的

"企业"或"资本"到日本的政策。笔者并没有对其经济效益进行定量分析，但从 100 万亿日元的余额目标可以推测出，旅游收支相关的经济规模与对日直接投资的经济规模完全不可同日而语。以下是考察日本对内直接投资的现状与前景。

对内直接投资带来的日本变革

在本书撰写时，对日直接投资，尤其是在半导体领域，正呈现出活跃态势，越来越多的论调将其视为日本经济复苏的关键。如第 1 章所述，2023 年 12 月，美国半导体巨头英伟达（NVIDIA）首席执行官黄仁勋表示将在日本设立研发中心，此消息引起了广泛关注。海外大型制造企业对日本的关注度逐渐增加，而岸田政府根据"骨太方针"制订的促进对内直接投资的行动计划似乎进展顺利（当然，对于各项目之间政策和成果的因果关系仍需验证）。

实际上，围绕对内直接投资带动实体经济变化的报道也越来越多。例如，在一些投资活跃的地区，雇用和工资状况十分紧张。台积电在熊本县菊阳町设立的生产基地就是典型的例子。2022 年春，台积电在当地提供的大学毕业生起薪为 28 万日元，比当地平均水平高出约 40%，这一事实屡次成为热门话题[38]。这种情况让当地的日本企业为了争夺人才，不得不提高工资，从而陷入了艰难的局面。

值得一提的是，台积电的第一工厂已于2024年2月24日正式启用，第二工厂也确定将在熊本县内建设。此外，关于第三、第四工厂的建设计划也在酝酿之中，据报道，这些工厂可能仍会选址于日本国内。目前（本书撰写时），熊本和大阪是备选地点，但最终结果尚未确定。

如此庞大的外国资本对地方经济的影响显而易见，对包括熊本在内的整个九州地区的就业和工资状况的冲击也可想而知。然而，考虑到日本经济本就存在劳动力不足等问题，其影响似乎已经扩大到了更广泛的地区。笔者曾有幸与关西、东海、东北等地的制造业人士交流，听到多家公司反映，由于台积电进驻，九州的技术人员供给已经中断。"疫情后，技术人员的跨县流动已受限制，台积电的存在更是加剧了这一现象。"这样的论述不无道理。当然，确切情况还需要技术领域的专家深入分析，但显然，台积电不仅给九州带来了直接影响，也对日本全国的制造业带来了通胀压力，堪称制造业领域的"黑船"。其影响的利弊有待进一步分析，但毫无疑问，这一案例显著体现出了对内直接投资的威力。

除了台积电外，还有其他外资案例引发了关注。例如，美国会员制批发零售巨头好市多（Costco）的群马明和仓库店于2023年4月在群马县明和町开业，员工起薪为每小时1500日元，远高于群马县的最低时薪935日元，是后者的1.5倍以上，导致周边地区的餐饮业面临严重的雇佣难题。在群马县前桥市，北欧家具巨头 IKEA（宜家）也计划于 2024 年 1 月开业，时薪定为 1300 日元[39]，大幅超过当地最低工资。

入境需求也会产生类似效应

虽然不属于对内直接投资，但从因海外需求而被迫发生变化的角度来看，迅速扩大的入境需求似乎也表现出了类似的影响。例如，据报道，截至本书撰写时，北海道虻田町的酒店和公寓清洁员时薪最高达到了 2200 日元，几乎是 2023 年 10 月北海道平均时薪 1069 日元的两倍[40]。尽管这种变化并非由对内直接投资推动，但出现的经济现象与菊阳町极为相似。不管是入境需求旺盛的地区还是对内直接投资的目标区域，外资注入都会对当地就业和工资环境带来巨大的压力。

当然，政府在对内直接投资和入境需求之间更侧重哪一点显而易见，无须过多解释。以台积电为例，政府计划在其第一、第二工厂的建设过程中，提供最高约 1.2 万亿日元的补贴。这样的巨额补贴不仅是因为生成式 AI 和电动汽车（EV）对半导体的需求增加，还因为半导体的稳定供应在经济安全保障中已成为生死攸关的战略问题。这一投资带来的影响不仅限于经济领域，还延伸至政治和外交领域。因此，将对内直接投资视为"利用日元贬值的主要手段"，而将旅游立国政策视为"辅助战略"，这一定位在总体上是合理的。

第5章 日本能做些什么：如何利用日元贬值

日本的现状不如朝鲜

多年来，日本的对内直接投资余额在全球范围内一直偏低，这一状况受到广泛关注。因此，作为执政者，试图在这一领域寻找增长点是很自然的思路。具体来说，截至2023年末，日本的对内直接投资余额约为51万亿日元，而对外直接投资余额约为308万亿日元，两者差距悬殊。在有关日本对内直接投资余额的讨论中，经常引用联合国贸易和发展会议（UNCTAD）的统计数据，尤其是对内直接投资余额占名义GDP的比重及其国际排名，根据2022年底的数据，日本的这一比重仅为5.4%，在UNCTAD统计的198个国家中排名第196位（见图5-1）。排在日本之后的仅有尼泊尔和孟加拉国，而前一位是布隆迪，再前一位则是令人难以置信的朝鲜。

若岸田政府提出的目标达成，即到2030年对内直接投资余额达到100万亿日元，那么这一比例将上升到20%左右。在这种情况下，日本在G7国家中将接近意大利和德国，与目前相比情况会大有改善。但考虑到被称为"半个世纪以来的最低值"的日元实际有效汇率（REER），20%是否足够这一"新的问题"可能会随之出现。例如，OECD国家的平均对内直接投资比例约为50%，因此20%左右的水平绝不是发达国家中较高的比例（见图5-2）。需要指出的是，UNCTAD统计中排名最靠前的国家和地区（如卢森堡、英属维尔京群岛和英属开曼群岛等）因其避税地的特性，排序异常，因此不能简单地依赖这些排名。然而，发展中国家的平均水平约为38%，而日本作为发达国家这一比例竟然不足10%，"资本锁国"这一说法也并非完全错误。

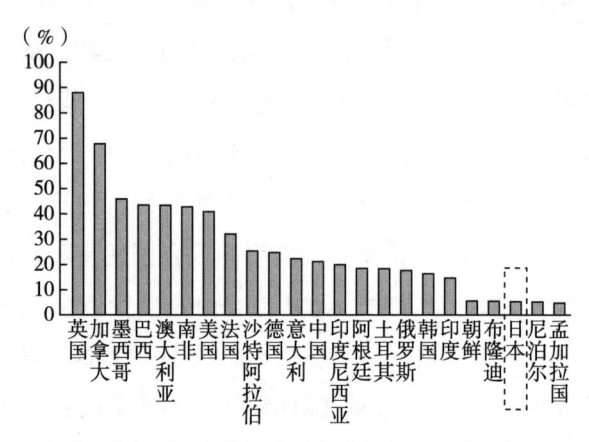

图 5-1　主要国家的对内直接投资余额占名义 GDP 的比重（2022 年）

注：除 G20 外还添加了位于日本前后的国家作为参考。

资料来源：UNCTAD, macrobond.

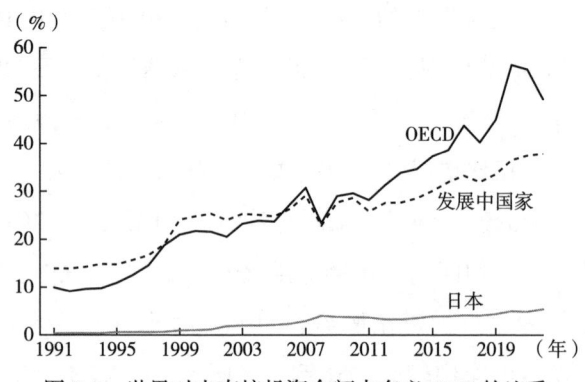

图 5-2　世界对内直接投资余额占名义 GDP 的比重

资料来源：UNCTAD, macrobond.

总之，虽然日元贬值已成为常态，但日本企业将生产迁回国内的预期仍不高。在这种情况下，促进外资企业对日本新增投资，是一项极为重要且合理的政策选择。

过去实现目标的历程

根据当前的情况，岸田政府提出的"2030年对内直接投资余额达到100万亿日元"的目标是否有可能实现呢？从2023年底的对外资产负债余额来看，对内直接投资余额为50.518万亿日元，同比增长了9.3%，维持了增长态势。2014年至2023年间，对内直接投资余额平均年增长率约为10%。若这一增长率保持不变，2030年余额将达到约99万亿日元，到2031年则可突破100万亿日元（见图5-3）。因此，2030年达到100万亿日元并非不可能，但也不轻松。可以说目标的设定高度恰到好处，挑战性适中。

日本对内直接投资余额长期处于较低水平，因此历任政府经常将其增长作为中期目标。2003年1月，小泉纯一郎政府提出了"在2001年底对内直接投资余额的基础上，5年内实现翻倍"的目标，并于2003年5月在"Invest Japan"的口号下，在JETRO（日本贸易振兴机构）下成立了"对日投资与商务支持中心"（IBSC）。IBSC的设立旨在提供一站式的对日投资信息，简化手续，便于外资企业进入日本市场。笔者记得自己在2004年4月加入JETRO时，所拿到的名片上就印有"Invest Japan"的标志。小泉政府的这一目标在余额和 GDP 占比方面均已达成（余额从 6.9 万亿日元增至 13.4 万亿日元，GDP 占比从 1.3% 增至 2.5%）。

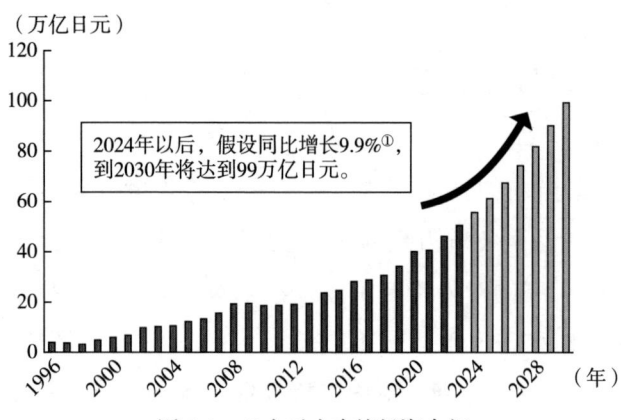

（万亿日元）

2024年以后，假设同比增长9.9%①，到2030年将达到99万亿日元。

图 5-3　日本对内直接投资余额

① 2014～2023 年的对内直接投资余额的平均增长率。
资料来源：财务省。

2013 年，安倍第二届政府在"日本再兴战略"中提出了"到 2020 年将对日直接投资余额翻倍至 35 万亿日元"的目标，并加强了以 JETRO 为核心的综合支持。截至 2020 年底，日本对内直接投资余额约为 40 万亿日元，这一目标也顺利实现。当然，虽然对内直接投资余额的起点本身较低，但与容易被草率对待的财政重建目标不同，有关对内直接投资余额的政府目标一直以来都可以稳步实现。因此，人们对实现 100 万亿日元目标的期待也随之提高。

此外，2021 年 6 月，菅义伟政府在对日直接投资推进会议中将 2030 年的余额目标设定为 2020 年数值的两倍，即 80 万亿日元。因此，岸田政府在 2023 年 6 月发布的"骨太方针"中提出的 100 万亿日元的目标，相当于对这一目标的进一步上调。

为什么日本的对内直接投资停滞不前

关于这个问题，虽然有许多不同的观点，但至今还没有找到一个根本性的原因。例如，从抽象角度来看，新冠疫情期间暴露出来的日本国民性闭塞是一个因素。然而，传统的日本劳动力市场受到终身雇佣、年功序列薪酬制度的影响，难以接受外资企业效率导向的经营方式。这并非单纯的抽象议题，而应该归结于解雇限制等僵化的劳动法规。劳动法规的僵化可能是阻碍外资企业进入和产业重组的一个原因。此外，语言问题（英语普及率低）也是一个基础性的问题。

这些因素中，哪个才是导致"对内直接投资余额低于朝鲜"这一现状的根本原因呢？这些因素是否足以解释为什么日本如此难以成为投资目的地？对于这些问题，至今尚未找到确定性的答案。既然有数据表明外资都在回避对日本的投资，那么我们就需要排除所有可能的障碍。而这似乎也是岸田政府"骨太方针"的意图所在，但说实话，现状依然令人费解。

阻碍对内直接投资的"两大不足"

关于对内直接投资停滞不前的原因，也并非完全没有线索。JETRO 2023 年 3 月发布的《2022 年度外资企业经营现状问卷调查结果概述》[41]显示，在"在日本开展业务时，特别希望改善的项目"这一选项中，"人才保障"占比最高，其次是"行政手续的简化和数字化"以及"外语沟通能力"。"人才保障"的具体待改进需求包括："难以找到具备商务外语能力的人才""技术类人才中懂英语的非常少""在地方城市尤其难以招聘到人才（尤其是年轻一代）"等。尽管调查中也提到了希望提高"外语沟通能力"，但在"人才保障"中依然提及语言问题，说明"日本人英语能力不足"可能直接导致对内直接投资的不景气。因此，阻碍对内直接投资的"两大不足"显然是"人才"与"英语能力"。

此外，也有评论指出："人才保障问题并非外资企业独有，国内企业也有，年轻人才的招募比以前更困难。"换言之，"本来人才就短缺，加上对英语能力的要求，问题就更为严重"。虽然通过政府政策推进"行政手续的简化和数字化"是有可能的，但英语能力不足和劳动力不足问题，并不是一朝一夕能解决的。

在这方面，接受海外移民可以同时解决"人才"和"英语能力"这"两大不足",因此,移民政策的呼声也一直很高。然而,从事欧洲研究的笔者认为,移民问题需与社会稳定性一同考虑,从这个角度看,移民政策可能是一把"双刃剑"。至少,单纯把移民视为促进经济增长的手段,是一种肤浅的观点。应该在对社会和移民可能存在的冲突有清晰认知的基础上,通过政府和全社会的充分讨论来得出结论。然而,目前在日本讨论移民问题本身似乎已经成了一种禁忌。

日本对内直接投资的形式"介于发达国家与发展中国家之间"

的确,半导体工厂等制造业企业在日本建厂、雇用员工并投入生产时,"两大不足"会成为制约因素。然而,外资直接投资的形式并非仅限于建厂。本书接下来会从对内直接投资的实施形式和按国家、地区、行业分类的视角,探讨日本对内直接投资战略的问题。

关于对内直接投资的实施形式的讨论似乎并不多见。对内直接投资的实施形式可以分为两种:一种是企业在投资目标国新设公司,另一种是收购目标国的现有企业。

前者是新投资(绿地投资),后者则是跨境并购(Cross-border M&A),也称为棕地投资。绿地投资通常因涉及土地购买、当地劳动力雇用、原材料采购及销售渠道开拓等高昂的启动成本而著称；而跨境并购则能显著降低时间与金钱成本。例如，若外资企业收购了一家已经拥有全部所需员工的日本企业，虽然可能存在英语能力的不足，但通常不会面临劳动力短缺或销售渠道开发的难题。至于英语问题，在考虑收购目标时，也可以将语言能力问题作为一项考虑因素。

然而，日本跨境并购形式的对内直接投资的比例极低。事实上，如果能提高这一比例，对解决"两大不足"可能会有效。如图5-4所示，在发达国家，跨境并购是主流；而在发展中国家，绿地投资占主导地位。然而，日本的对内直接投资结构为"略高于六成绿地投资，略低于四成跨境并购"，与发达国家整体趋势（约四成绿地投资，六成跨境并购）存在一定的偏差。与发展中国家的趋势（约八成绿地投资，两成跨境并购）相比，日本的并购比例较高，但与全球整体趋势（略低于六成绿地投资，略高于四成跨境并购）相比，又显得较低。可以说，日本的对内直接投资形态介于发展中国家和发达国家之间。当然，也有观点认为，日本的整体投资余额还不足以区分不同的实施形式，不过这依然是一个值得关注的事实。此外，日本国内缺乏对跨境并购的意义和效果的充分认识。更重要的是，日本企业家对"外资收购与重组"可能存在过敏式反应。尽管很难找到真正原因，但可以肯定的是，这些因素共同导致了日本在发达国家中跨境并购投资比例明显偏低的现状，而这可能正是导致日本"对内直接投资余额占名义GDP比重低于朝鲜"的原因之一。

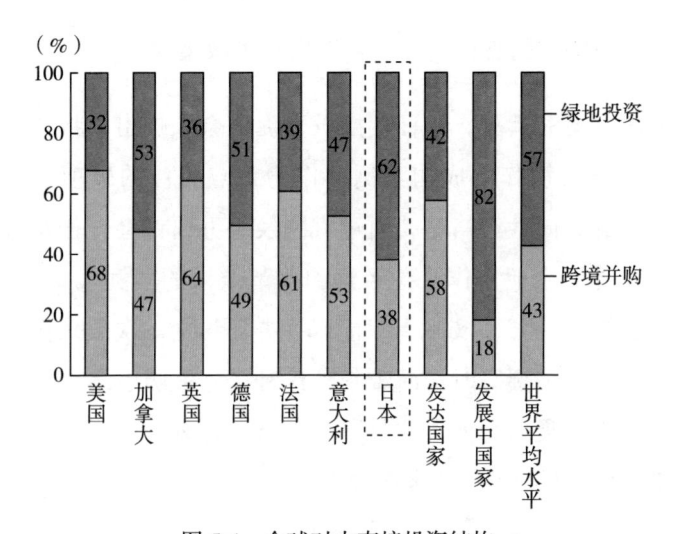

第 5 章　日本能做些什么：如何利用日元贬值

图 5-4　全球对内直接投资结构

资料来源：UNCTAD，2013～2022 年实际业绩的累计计算结果。

不依赖绿地投资的对内直接投资战略

为了实现政府提出的到 2030 年吸引外资 100 万亿日元的目标，必须采取与以往不同的策略。从上述讨论来看，不仅要依赖绿地投资，还需利用跨境并购。然而，2023 年 4 月 26 日，日本政府在对日直接投资促进会议上公布的长达 23 页的"吸引海外人才与资金的行动计划"中，"跨境并购"一词仅出现了两次，且均为模糊的描述，如"对外资并购及外国企业协作案例进行分析并推广""通过普及、增强意识，由专业人士，如律师和其他专家，为不熟悉海外企业合作、对并购不熟悉的地方企业提供建议和辅导支持，增强对日本国内合作与协作的支持"等，未提出具体政策对策。

截至本书撰写，对日直接投资促进会议提出了将"普及对日并购及协作的成功案例"作为重点关注的事项。该会议提出的方向性策略是"通过官网及举办研讨会，普及对日并购及外国企业协作改善经营和改革效果的案例"。但所谓"普及成功案例"，实际上只能以举办研讨会的次数来作为量化指标。本书撰写时，尚难判断这种措施能吸引多少外资企业。关于"吸引海外人才与资金的行动计划"的详细内容及举措案例，后文将简单整理供参考。

无论如何，从买方角度来看，跨境并购如果成功的话，能大幅节省时间和资金成本，是一个非常有利的手段。与此同时，也必须面对与企业整合相关的各类障碍，在选择收购目标时所产生的时间和资金成本也不可忽视。日本社会整体偏好同质化的文化，因此跨境并购是否契合基本国情仍存在争议。这就需要探讨如何通过政策提供配套支持。可以说，不依赖绿地投资的对内直接投资战略是实现100万亿日元目标所需的一个重要视角，是推进对日投资战略中不可忽视的一部分。

亚洲资本存在感增强的十年

在以上讨论中，我们着重分析了对内直接投资的实施形式，接下来，将从国家、地区和行业的角度进一步展开讨论。尽管对日直接投资规模仍较低，但正在稳定增长。那

第 5 章　日本能做些什么：如何利用日元贬值

么，究竟是哪些国家和地区在向日本投资，是哪些行业在受到关注呢？这些是今后制定对内直接投资战略时需要了解的基本信息。图 5-5 显示了按国家和地区划分的对日直接投资余额比例变化趋势，从图中可以直观地看到"欧美地区的下降与亚洲地区的上升"这一趋势。进一步来看，在亚洲地区，截至 2022 年底，中国内地与中国香港地区的比例约为 32%，新加坡约为 43%，韩国约为 9%。

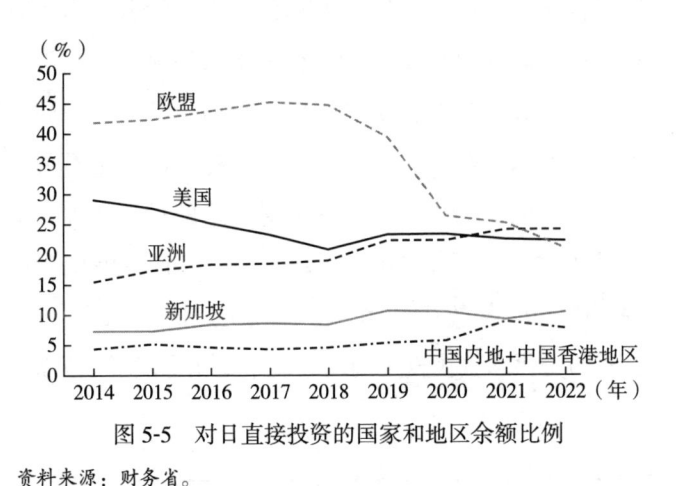

图 5-5　对日直接投资的国家和地区余额比例

资料来源：财务省。

仅凭中国内地、中国香港地区和新加坡等国家和地区的对日直接投资增长推断"亚洲资本的崛起"并不完全准确。但是，欧美资本并不会急剧改变投资路径，突然开始通过新加坡或中国内地、中国香港等国家和地区进行投资。这样一来，通过欧美资本的对日直接投资比例下降趋势推测出"亚洲资本在对日投资中的重要性逐渐上升"也并非错误。

韩国方面，2023年也有报道称该国最大电气制造商在神奈川设立半导体研发中心[42]。这些现象表明，亚洲资本对日投资规模的确有所扩大。

日本现已成为"被投资的国家"

进行直接投资的企业通常需具备相当的资金实力和发挥其特长的能力。从这个角度看，相关国家和地区的经济已经发展到可以对日本进行投资的程度。目前，韩国和中国台湾地区的人均名义GDP已接近日本，并被预测将在不久的将来超越日本。韩国与中国台湾地区对日本的投资增加，也是一个必然的结果（见图5-6）。仅仅在10年前，韩国和中国台湾地区的人均名义GDP还仅为日本的60%左右。考虑到这种急剧的变化，直接投资的动向发生变化也就不足为奇了。

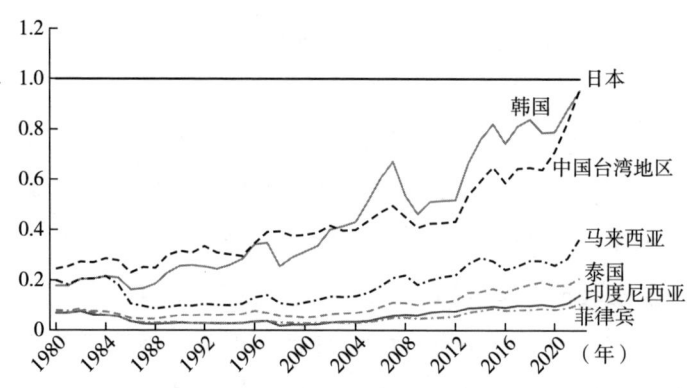

图5-6 亚洲各国家和地区人均名义GDP÷日本人均名义GDP
资料来源：macrobond.

虽然与日本仍有差距，但马来西亚、泰国、印度尼西亚、菲律宾等东南亚国家显然正在迎头赶上。值得一提的是，马来西亚目前的经济状况（图中2022年的数据为最新数据）与2000年前后的韩国和中国台湾地区相似。从这一点看，局势似乎完全不可预测。举个简单的例子，如果日本人去亚洲其他国家和地区旅游，可能会开始感叹"物价没有想象中那么低"。这表明亚洲其他国家和地区与日本的购买力差距正在逐渐缩小，也意味着日本正在从"投资方"转变为"被投资方"。至少在亚洲，日本不再是遥不可及的领先者。

应战略性瞄准哪些国家、地区和行业

在了解了各国和各地区现状的基础上，可以根据财务省的"对内直接投资余额（按地区和行业分类）"统计，进一步了解行业分布情况。这一统计与国际收支统计和对外资产负债余额统计不同，因此余额与前面提到的数字可能会有所差异[43]，但能为政府制定吸引资本战略提供参考，比如从哪些国家和地区吸引资本，对哪些行业进行战略性引导等。

如表5-1所示，日本对内直接投资余额中约66%集中在非制造业领域，特别是金融和保险业，占比约为40%。尽管"对内直接投资＝制造业（工厂建设）"的印象仍然根深蒂固，但从实际数据来看，非制造业已成为主力。金融和保险业的主要投资来源是美国，占该行业总额的46%，其次是占比约29%的亚洲，几乎全部来自新加坡。从2014年末到2023年末，美国对日投资余额与新加坡对日投资余额之间的差距从4倍缩小到2倍多。这一变化再次反映欧美资本比例下降，亚洲资本比例上升的趋势。

表5-1　各国家与各地区的对内直接投资余额（2022年末）

（单位：千亿日元）

	各个国家和地区整体	美国	欧洲	亚洲	新加坡	中国内地＋中国香港地区	韩国
各行业整体	298 950	83 057	92 207	85 677	38 923	24 936	10 110
制造业	101 949	9736	59 388	17 255	1007	11 913	450
化学与医药	29 020	3048	14 231	9616	143	9 354	—
一般机械与器具	5849	—	3587	1245	—	989	—
电气机械与器具	22 305	1020	10 355	4932	958	479	—
运输机械与器具	30 730	422	27 453	966	—	662	99
非制造业	197 001	73 321	32 819	68 422	37 916	13 023	9660
通信业	22 816	2311	12 705	5169	−725	236	5523
批发零售业	1063	133	−11 102	850	−689	386	1149
金融和保险业	117 784	53 915	25 560	34 319	30 494	697	1252
不动产业	4752	507	264	4752	1310	999	785
服务业	16 366	5600	2590	5251	402	3768	696

资料来源：财务省。

第 5 章　日本能做些什么：如何利用日元贬值

金融和保险业的现状

  金融和保险业相关投资的详细情况难以得知，但可以推测，证券投资和不动产投资等在日本设立法人时会被计入统计，因此其影响不容忽视。众所周知，独特的低利率环境吸引了大量海外资金涌入日本不动产市场。但 2023 年海外投资基金和企业在日本的不动产投资额同比下降了 30%，创下了近五年来的新低，引起广泛关注[44]。但反过来，这也意味着此前海外对日本的不动产投资曾是非常活跃的。实际上，新加坡的主权财富基金（SWF, Sovereign Wealth Fund）在日本商业地产买卖中的频繁亮相，已经成为常见新闻。例如，2023 年，新加坡的政府投资基金——丰树投资（Mapletree Investments）将大阪市的一栋商业大楼以 540 亿日元的价格出售，成为热点话题。另一个例子是，新加坡政府投资公司（GIC, Government of Singapore Investment Corporation）计划出售汐留的一座大型办公楼，报道称其出售价格超过 3000 亿日元[45]。这些案例都反映了新加坡的主权财富基金在日本不动产投资中的持续积累。

  尽管 2023 年不动产出售的新闻备受关注，但 GIC 在同年 8 月发布声明，表达了对日本市场的长期投资意图。GIC 表示，日本始终是一个"能够实现长期优异风险调整回报的有吸引力的市场"，并且"在许多投资者因日本的低利率和日元贬值而感到被吸引时，GIC 特别看中日本不动产市场的深度和流动性"，将继续在日本进行长期投资[46]。然而，值得注意的是，从 2022 年到本书写作时，新加坡元和日元是亚洲货币中最强和最弱的组合。因此，在做出对日本的投资决策时，日元贬值的影响可能也在其中起了重要作用。（见图 5-7。）

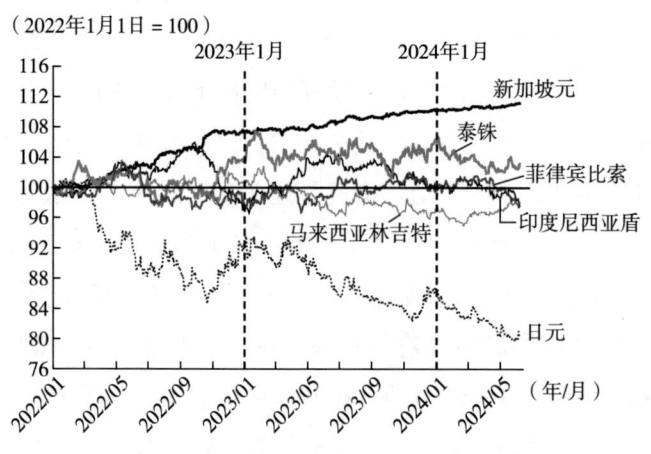

图 5-7　日元与亚洲货币的名义实际有效汇率

资料来源：macrobond，2024 年 6 月 6 日之前的情况。

促进对内直接投资所需的价值观转变

根据表 5-1，要实现对内直接投资余额的增长，从行业来看，具有较大影响力的似乎不是以半导体工厂为代表的制造业，而是金融和保险业等非制造业；从国家和地区来看，重点也不是欧美，而是以新加坡等地区为核心的亚洲。截至本书撰写，关于对内直接投资的讨论大部分都集中在以台积电工厂引进为代表的制造业绿地投资上，其重要性毋庸置疑。但是，吸引非制造业的资金，也许更有可能实现2030年达到100万亿日元的政府目标。

基于目前的讨论，要吸引对内直接投资进入日本，可能需要从"资本来自欧美、制造业"的传统观念，转变为"资本来自亚洲、金融和保险业"的新观念。同时，在实施形式上，不应局限于绿地投资，增加更多的并购是未来的趋势。当然，这并不是说要完全转向金融和保险业。制造业具有较高的产业带动效应，所以仅凭对内直接投资余额的多少来评价其成效可能并不恰当。只是我们可能需要改变对日本市场的看法——"日元贬值"不仅可以在制造业中活用，也可以成为其他行业可以利用的优势。

基于这一问题，笔者有必要对具体案例进行更详细的分析，梳理出存在的障碍，并制定相应的对策。本章将在末尾介绍政府值得关注的相关举措案例。

国际政治局势紧张带来的助力

如前所述，为了实现到2030年达到100万亿日元的政府目标，日本（政府）需要精准地分析现状，并制定相应的政策措施，这一点是毋庸置疑的。然而，促进对内直接投资本质上是"涉及双方的事情"，因此，海外局势与日本国内情况一样至关重要。无论"投资接受方"（日本）把环境整顿得多好，也依然需要考虑"投资方"（海外）的具体情况。毫无疑问，持续的日元贬值为吸引对内直接投资提供了巨大推动力。然而，仅凭成本优势来吸引巨额资本终究是有限的。如果投资日本仅仅是因为"便宜"，那么亚洲甚至亚洲以外的许多国家都比日本更具价格竞争力。近年来，日益紧张的国际政治局势在"投资方"（海外）评估日本时，为日本带来了积极的影响。如第 2 章所述，本书撰写时，全球直接投资正在围绕"地缘政治的安全性"进行重构，日本因此成为有力候选地。具体来说，2023 年 4 月国际货币基金组织（IMF）发布的《世界经济展望报告》（*WEO*）第四章[47]中，有篇题为"地缘经济碎片化与外国直接投资"的文章分析了全球直接投资所面临的环境，并从国际政治形势日益紧张的视角进行了相关解读。

结论是，在近年来的全球经济中，直接投资的增速显著放缓，同时，地缘政治友好国家以及战略性领域（例如半导体和化学制品等）的投资集中化趋势在加剧。因此，IMF 指出，当企业考虑重新配置直接投资时，投资国（大多是发达国家）与接受投资国（大多是新兴国家）之间的政治距离感，往往使得这些新兴国家更容易出现外资企业的流出。与此同时，直接投资更倾向于流向政治距离感较小的国家。结果，直接投资在"流入国"和"流出国"之间的分化加剧，全球经济的生产总量下降，经济增长放缓。这是 IMF 在 2023 年 4 月发布的《世界经济展望报告》中提出的主要问题。

2016 年以后的世界变化

认为 2016 年以后世界分裂加剧的观点层出不穷。虽然难以划定明确的时代界限，但许多分析将 2016 年视为分水岭，因为这一年英国确定脱欧，特朗普当选美国总统。2017 年特朗普上台后，"美中对立"格局因中美贸易摩擦而备受关注。但被特朗普政府视为眼中钉的不仅仅是中国，对美国贸易顺差较大的国家（如日本、德国）也受到了猛烈针对。从那时起，美国和欧洲的保护主义倾向愈加明显。虽然特朗普在 2020 年的选举中败北，但世界再也没有恢复到原来的样子。2020 年，全球新冠疫情暴发，全球供应链在物理上被中断，紧接着，2022 年出现俄乌冲突，"西方阵营与俄罗斯（及其相关的非西方阵营）"的格局逐渐形成。西方阵营本身就并非铁板一块，疫情和冲突的双重影响更是进一步加剧了世界经济的分裂。

特别是自 2022 年以来，俄罗斯中断资源供应，西方阵营面临着严重的资源供给限制。其中，作为资源国的美国、加拿大等国受到的冲击相对较小，但欧洲却遭受了重创。众所周知，日本也是受影响的国家之一。2020～2022 年，全球经济的高效供应链在短短三年内瓦解。

尽管本书撰写时新冠疫情已基本结束（不过，也有分析认为新冠疫情引起的通胀压力可能会持续相当长的时间），但地缘政治风险几乎没有缓解的迹象，甚至有恶化的趋势。国家间紧张局势加剧，跨国企业的经营决策自然也会随之改变。尤其是在直接投资方面，更多企业可能会"从高风险国家和地区撤出"，这一点不难预见。

因此随着2016年以后地缘政治风险的逐渐显现，企业的直接投资成了越来越受到关注的政治议题。特朗普政府推动的"美国优先"政策就是这一趋势的典型代表，拜登政府也继承了这一政策路线。拜登政府通过补贴和税收优惠政策，试图将高科技领域的工厂引入美国的《通胀削减法案》（IRA，Inflation Reduction Act），这可以被视为其保护主义倾向的象征。欧元区也开始采取类似的政策，2023年4月的 WEO 中提到，法国提出了"欧洲制造"战略，以与美国对抗。

"慢全球化"带来的助力

如第2章中所提到的，当前的世界经济形势可以说是"全球化放缓"，IMF 在 2023 年 4 月的《世界经济展望报告》中用"慢全球化"来描述这一现象。实际上，慢全球化并非始于特朗普政府或新冠疫情，它早在 2008 年全球金融危机后就已出现了一些迹象。图 5-8 是同一份 WEO 中发布的数据，显示了在 2007 年全球名义 GDP 中，直接投资的占比一度超过 5%，但在随后的金融危机（2007 年次贷危机，2008 年雷曼兄弟倒闭）之后，直接投资占比增速明显放缓，至 2018 年直接投资的占比已经跌破 1%，虽然此后有所回升，但受新冠疫情和俄乌冲突等事件的影响，增速仍然缓慢。自金融危机以来，全球经济的直接投资明显放缓，而地缘政治风险的加剧则进一步加快了这一趋势。

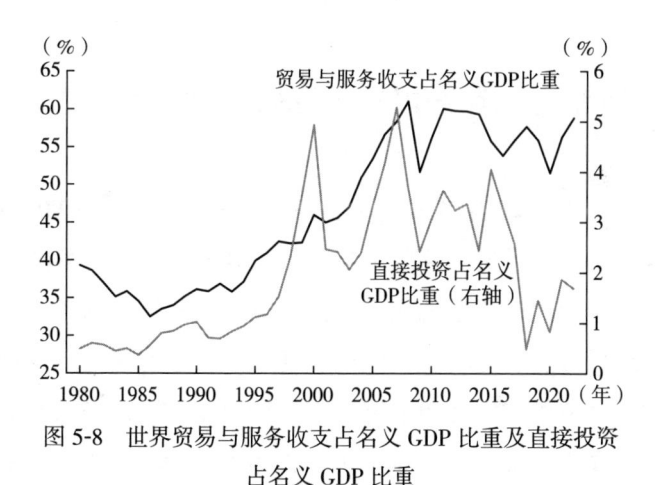

图 5-8　世界贸易与服务收支占名义 GDP 比重及直接投资占名义 GDP 比重

资料来源：IMF，WEO，2023 年 4 月。

IMF 表示，慢全球化背后的直接投资分化是全球经济面临的"新挑战"或者说新的负面因素。企业和政府都在将生产基地转移到本国或与自己有政治利益关系的友好国家，致力于构建应对地缘政治风险的韧性供应链。这一趋势被称为"友好国回归"。日本作为一个既廉价又安全的国家，有望借此趋势吸引更多直接投资。然而，正如前文所提到的，曾经接受大量发达国家直接投资的新兴市场，可能会面临直接投资流出的情况。从历史上看，发达国家的直接投资曾为新兴国家提供了创造财富的机会。但是如果当前的趋势延续下去，能够受益于跨国商业交易的国家和地区的数量将比以前更加有限，全球经济的增长也会随之放缓。慢全球化对日本来说可能会成为助力，但对全球经济增长来说却是逆风。

这一切都是"围绕中国企业的分化与重组"吗

IMF 在 2023 年 4 月的《世界经济展望报告》中按国家和地区对直接投资分化的影响进行了分析，明确了美国将在中国的生产和投资基地撤出，并将投资分散到全球各地的趋势。欧洲虽然程度较轻，但也表现出了类似的倾向。这种动向在战略性领域中尤为显著，例如半导体领域，美国和欧洲国家都在积极推进在本国境内建设生产基地。图 5-9 显示了半导体领域按地区划分的直接投资项目数量。数据显示，自 2018 年以来，对中国的投资明显减少；而自 2020 年以来，对欧美及中国以外的亚洲地区的投资则明显增加。总的来看，全球化以及慢全球化可以说是以中国为中心的企业分化与重组的过程。

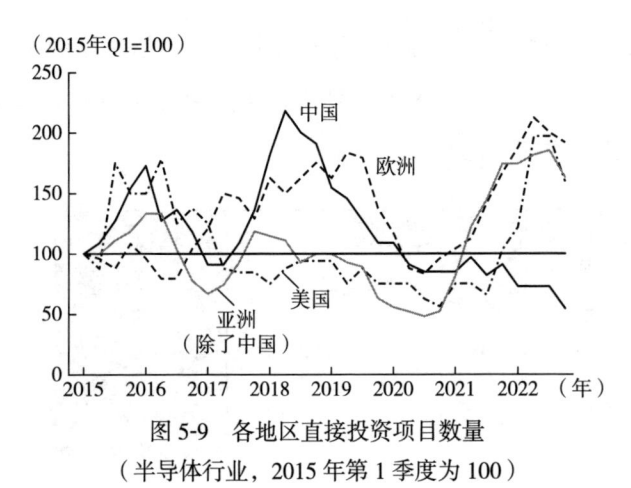

图 5-9　各地区直接投资项目数量
（半导体行业，2015 年第 1 季度为 100）

资料来源：IMF，*WEO*，2023 年 4 月。

2023 年 4 月,《世界经济展望报告》发布一年后

在 2023 年 4 月的一年后，即 2024 年 4 月公布的《世界经济展望报告》中，虽然没有提到"慢全球化"，但"分裂"一词频繁出现，在 202 页的报告中共出现了 45 次。这表明，"分裂"已经成为全球经济讨论中的重要议题。此外，在专栏中有一篇以"分裂已对国际贸易产生影响"为题的文章，以定量的形式展示了"慢全球化"的概念。

这篇报告首先将世界经济分为两个集团：一个是由澳大利亚、加拿大、欧盟、新西兰和美国组成的集团；另一个是由俄罗斯为首的，在 2022 年 3 月 2 日联合国大会中支持俄罗斯的国家组成的集团。报告计算了俄乌冲突前后这两个集

团的贸易额变化率，并比较了减少幅度（详情参见图 5-10 的注释）。尽管分析中未提及日本，但如果包含日本，日本应该会被归为前者的集团。

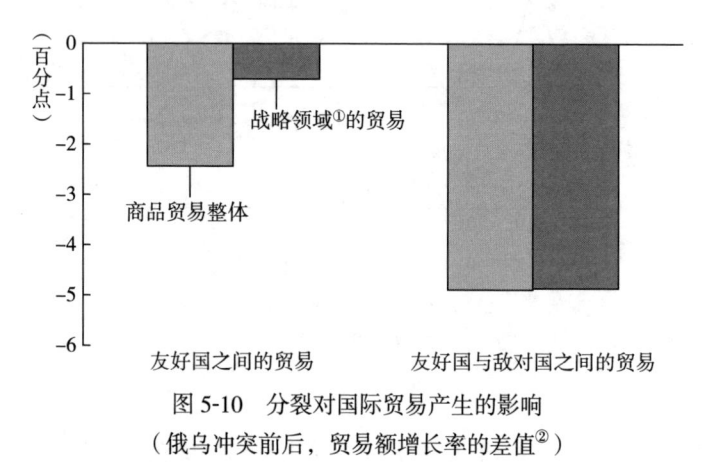

图 5-10　分裂对国际贸易产生的影响
（俄乌冲突前后，贸易额增长率的差值[2]）

① 机械和化学制品。

② 冲突发生前指的是从 2017 年第 1 季度到 2022 年第 1 季度，冲突发生后指的是从 2022 年第 2 季度到 2023 年第 3 季度。计算这两个期间的贸易额变化率（按季度环比）的平均值，并计算它们之间的差距。

资料来源：IMF，*WEO*，2024 年 4 月。

如图 5-10 所示，从商品贸易整体来看，集团内和集团间的贸易减少幅度相差超过一倍。在战略领域（例如机械和化学制品等行业）的贸易中，集团内的贸易几乎没有减少，而集团间的贸易则大幅下降。此外，中美之间的贸易关系也明显减弱，报告指出，中国在美国进口总额中的占比从 2017 年的 22% 降至 2023 年的 14%，减少了约 8 个百分点。将 2017 年作为基准年份是因为当时正值特朗普政府执政之初。此外，美国在 2017～2022 年间将原有的中国基地转移到了墨西哥和越南等地。有观点指出，这导致供应链拉长，牺牲了效率。这些围绕直接投资的撤离与重构的动向，以及由此带来的负面影响，正如2023年4月《世界经济展望报告》中所担忧的那样，正在逐步成为现实。

虽然本章并未深入探讨，但值得注意的是，贸易和直接投资等跨境经济活动效率的下降，以及由此产生的额外时间和费用成本，可能是通胀难以控制的原因之一。

日本被选择是理所当然的

这样的慢全球化趋势虽对世界经济增长构成阻力，却是日本吸引外资的机遇。根据IMF的分析，从西方阵营的角度来看，日本当前的国际环境对吸引外资越发有利。

以台积电选择日本熊本县为例。除了日本政府和熊本县的支持、当地优质的材料与设备制造商，以及高素质的人才和基础设施等优势外，一个重要的选择因素是"地缘政治稳定"。类似地，当下很多企业和投资者不得不重新考虑布局。在这种情况下，日本是一个不容忽视的候选地。

尽管日本经济有下行趋势，但作为全球第四大经济体，加之整体教育水平较高、治安良好，以及2022年以来显著的日元贬值（从海外视角看是成本优势），客观来看，在重构全球供应链时，日本成为一个强有力的候选地是顺理成章的事实。实际上，不止台积电的半导体工厂，有许多报道确认[48]，美国大型IT企业也纷纷决定在日本加强数据中心建设。如何抓住这一机遇，是对政府的重大考验。

对内直接投资的"负面效应"

当然，任何政策都有利有弊。如前所述，利用日元贬值促进对内直接投资这一策略虽值得支持，但也并非万能。对内直接投资稳步增加时，可能遭到的典型批评之一便是"归根结底只会让外资企业获益"。从结论来看，这种批评并非毫无道理。下面谈一谈对内直接投资的"负面效应"。

假设未来日本对内直接投资余额的增加不仅限于九州，而是在全国各地都出现了外资企业的工厂和研究中心。这将直接增加日本对全球的商品和服务出口，从国际收支的角度来看，可改善贸易与服务收支。但另一方面，由于利润属于中国台湾地区或美国等外资企业的来源地，资本流动将出现日元被抛售，外币被买入的现象。从国际收支的角度看，会导致初次收支恶化。

对内直接投资对实体经济的影响，可以通过GDP（国内生产总值）与GNI（国民总收入）的差异来理解。GDP是"国内一年内生产的商品和服务的附加值总和"，而GNI是"居民一年内从国内外获得的收入总和"。理论上，GNI=GDP+

海外净要素收入，其中"海外净要素收入"对应初次收支。目前，日本通过海外的生产和销售活动赚取了外汇（初次收支顺差），因此 GNI>GDP 是常态。如果促进对内直接投资，一方面将通过活跃的国内消费、投资活动和出口增加 GDP，但另一方面外资企业赚取的利润会汇回来源地，初次收支顺差减少，GNI 的增幅会受到抑制。

爱尔兰的案例

爱尔兰是一个典型案例。正如"专栏③ 数字赤字仅限于日本吗"中所讨论的，爱尔兰凭借税收、语言和教育优势，成功吸引了以 GAFAM 为代表的科技巨头公司。此外，制药企业和金融机构的基地也集中于爱尔兰，因此，称之为全球吸引外资大国也毫不夸张。对于日本来说，如果希望以对内直接投资为突破口，那么爱尔兰的经验值得借鉴。

依赖外资企业的副作用体现在 GNI 上。例如，2000 年爱尔兰名义 GNI 与名义 GDP 的比率约为 0.87，即名义 GNI 比名义 GDP 小约 13%（见图 5-11）。此后，两者差距逐渐扩大，至 2022 年时该比率降至约 0.72，即名义 GNI 比名义 GDP 小约 28%。从收入看，经济规模缩水近三成，显然不可忽视。当经济增长依赖于外资企业的对内直接投资时，其收益大部分自然会流向企业母国，留给投资目标国的份额就相应减少。减少后的份额大多流向了与吸引外资企业关系密切的行业，比如，实际上爱尔兰的通信和金融领域工资水平明显高于整体平均水平。

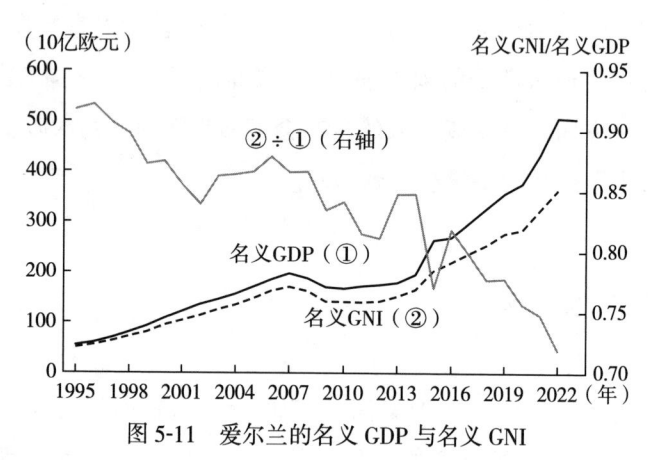

图 5-11　爱尔兰的名义 GDP 与名义 GNI

资料来源：macrobond.

不过，日本的情况可能有所不同

正如前文所述，促进对内直接投资可能会拉动 GDP 增长，但同时也会抑制 GNI 的提升。或许在被投资地区，会因雇用与工资环境的紧张，对本地企业的人才招聘带来压力。"对投资目标国的收入环境并没有产生预期的积极影响"，这样的批判在未来或许难以避免。

然而，正如本书前文所讨论的，如果推动日元贬值的根源不仅仅是内外利差，还包括倾向于抛售日元的供需结构，那么就有必要采取措施加以抑制。在这一点上，既然对内直接投资通过净出口推动了 GDP 增长，那么日本就能从中获益，日元贬值的压力也将得到缓解。仅凭爱尔兰的 GNI 难以增长这一点，并不能否定日本促进对内直接投资政策。此外，还需要考虑接受投资行业的差异。爱尔兰吸引的主要是通信和制药等高附加值、资本密集型行业。正因为这些行业以较少的劳动力投入实现了高利润，所以其工资水平较高，进而对就业和工资的影响往往局限于局部领域。

相比之下，日本希望推动的半导体工厂等制造业属于劳动密集型行业，需要更多的劳动力。因此其就业创造效应以及随之而来的消费和投资扩展效应，相较于爱尔兰预计会更大。从 GDP 占比来看，目前，日本对内直接投资余额仅占 5% 左右。在此情况下，很难说努力提升对内直接投资余额是错误的决策。任何政策都有利有弊，但对于现阶段的日本，可以说促进对内直接投资的"利"大于"弊"。由于国际和国内经济金融形势的不断变化，日本手中可用的政策工具日益减少，似乎更需要把握"能被投资时就抓紧吸引投资"的机会。

政府的具体举措

那么，对于到 2030 年实现 100 万亿日元的目标，政府采取了哪些具体行动呢？在对目前的信息进行简单梳理后，本书将在此收尾。以下内容不同于之前充满着笔者主观思考的论述，仅限于对政策现状的整理，因此可能显得稍微枯燥。不过，若让读者以为日本政府什么措施都没有便结束本书，显然也不公平，因此特意安排了一些篇幅。

首先，为推动对日直接投资，政府设立了"对日直接投资推进会议"作为指挥塔。值得一提的是，该会议首次召开于2014年4月25日，当时为第二届安倍政府，而非岸田政府。正如前文所述，以国际标准来看，异常低水平的对日直接投资余额一直是历届政府反复提及的问题。

在经历了长时间的艰难努力后，2023年4月26日，岸田政府决定设立"吸引海外人才与资金特别工作组"（简称特别工作组），以辅助对日直接投资推进会议的运作并协调相关部门。特别工作组的职责包括跟踪行动计划进展，发现吸引海外人才和资金过程中的问题以及制度性障碍等。该工作组的首次会议（该工作组的会议简称特别工作组会议）于2024年1月31日召开，会议内容是本书撰写时的最新资料[49]。

此外，对日直接投资推进会议提出了"吸引海外人才与资金的行动计划"（简称行动计划），并在制订过程中明确了以下基本理念。这些理念以条例的方式清晰简明地呈现了政府在促进对内直接投资方面的问题，具有参考价值，因此摘录如下：

第5章 日本能做些什么：如何利用日元贬值

在过去30年里，我国长期受制于通货紧缩导致的国内需求低迷，再加上与新兴国家的成本竞争压力，导致企业倾向于削减成本，提高海外生产比例，结果造成国内投资不足，工资增长也大幅受抑。

在传统国际秩序变迁、世界处于历史转折点的背景下，国内外环境的变化带来了发展机遇。在全球供应链重组的浪潮中，确立我国作为生产和研究（知识交流）基地的地位，并通过扩大国内投资与促进研发加强创新能力与增长动力至关重要。

当前，日本正经历30年来的首次工资上涨，同时，企业的国内投资意愿也有所增强。在此情况下，要积极引进海外的人才、物资、创意，通过扩大国内投资与促进研发来增强增长动力，并通过价格转嫁确保加价率，从而推动工资上涨。以这两点作为"车的双轮"，最终实现持续的经济增长和收入分配的良性循环。

基于上述认识，针对到2030年80万亿日元的对内直接投资目标，进一步设立尽早实现100万亿日元的新目标，制订并迅速实施"吸引海外人才与资金的行动计划"。

基于以上基本理念的行动计划包含五大支柱。五大支柱及其代表性的实施案例可见表5-2。

表 5-2 "吸引海外人才与资金的行动计划"

①	基于国际环境的变化，促进战略领域的投资，重构全球供应链	• 在全国推广以产学官合作为基础的人才培养联盟 • 利用半导体基金等资源，战略性推动产业布局项目的发展
②	形成亚洲最大创业中心的战略	• 集中支持 8 个 "创业生态系统核心城市" • 提高外国创业者签证（创业签证）的便利性 • 吸引高端外籍人才 • 完善制度，打造国际人才循环枢纽
③	建立并完善吸引高端外籍人才、推动日本成为国际人才循环枢纽的制度	• 推出具有世界一流水准的新在留资格制度，包括"特别高度人才制度"（J-Skip）及"未来创造人才制度"（J-Find） • 探讨技能实习制度与特定技能制度的改革 • 推进全球创业园区计划，探讨接纳数字游民的制度
④	为吸引海外人才与投资改善商业和生活环境	• 加强国际金融中心功能，促进绿色转型投资 • 强化多语言一站式服务窗口功能 • 构建能提供多语言的全国性医疗机构信息平台 • 改善教育环境，保障国际学校毕业生顺利进入高中 • 扩大入境旅游规模（例如吸引 MICE 活动）
⑤	强化全日本范围内的招商和后续跟进体制，以 G7 等为契机加强向世界的宣传	• 创建由驻外大使馆长与 JETRO 海外事务所负责人协同的"外国直接投资工作组" • 创建"区域投资吸引及跟进协调会"，以促进外国企业人驻地方及二次投资 • 成立由各省副大臣级人员组成的"吸引海外人才与资金特别工作组"，跟进成果和课题并落实 PDCA 循环

资料来源：内阁府《关于"吸引海外人才与资金的行动计划"的决定》，2023 年 5 月 22 日。

半导体领域的重要性

这些措施分为五大支柱，且其进展会在特别工作组会议上进行确认。在对内直接投资余额的名义 GDP 占比低于朝鲜的背景下，任何议题都不可忽视。但从经济效益角度来看，以半导体为首的战略领域投资的重要性毋庸置疑。实际上，在特别工作组会议的资料中，促进半导体等重要领域投资的措施被列为重点跟进措施之首，与"行动计划"中的第一项密切相关[50]。

在首次特别工作组会议中，确认了启动包括以下 8 个领域的基金项目，并提到"从 2021 年至 2023 年初，已安排预算约 6.3 万亿日元；在 2023 年补充预算中追加约 2 万亿日元"，这表明截至撰写本书时，战略领域已投入超过 8 万亿日元的财政资金，半导体及数据中心领域也已有众多先例。

1. 先进半导体生产基地建设基金。
2. 应对经济环境变化的重要物资供应链强化支持项目（基金）。
3. 改善生物医药制造基地以加强疫苗生产系统建设项目（基金）。
4. 生物制造改革推进项目。
5. 地方数据中心基地建设。

6. 后 5G 信息通信系统基础设施提升研发项目（基金）。
7. 绿色创新基金。
8. 革新性信息通信技术（超越 5G，即 6G）基金项目。

此外，在特别工作组会议中，"利用半导体基金等资源，战略性推动产业布局项目的发展"的下一个重点跟进领域是"在全国推广以产学官合作为基础的人才培养联盟"，这一点同样与半导体密切相关。具体来说，文件中提到"以'九州半导体人才培养联盟'等先行案例为基础横向开展"，并明确指出，"为了通过产学官合作培养半导体人才，将以九州地区为起点，在 6 个地区（九州地区、中国地区、中部地区、关东地区、东北地区、北海道地区）设立产学官合作联盟"（为实现共同目标而协作的多个组织组成的共同体）。向半导体和生物等战略领域投入财政资金，方向明确，被媒体头条广泛报道。

聚焦"海外人才"的政策举措

如果说这些举措是为了吸引"海外资金"进入以半导体为首的战略领域，那么吸引"海外人才"的政策则包括"提高外国创业者签证（创业签证）的便利性""调整居留资格制度""为高级人才提供良好的生活条件和环境""为高级人才提供良好的医疗条件和环境"等。这些举措旨在让海外高端人才能够舒适地就业和生活，也作为重点跟进领域写入了

第 5 章　日本能做些什么：如何利用日元贬值

特别工作组的会议资料。

当然，"行动计划"并没有将吸引海外资金和人才分开考虑，而是视资金和人才为相互关联的要素。然而，现实是，像台积电入驻等"海外资金"引入的话题往往容易获得广泛报道，而聚焦于"海外人才"的政策举措则很难被看见，相关报道也相对较少。毫无疑问，两者是同样重要的政策议题，因此激发问题意识是至关重要的。

例如，在"为高级人才提供良好的生活条件和环境"的重点跟进领域，具体措施中明确提出："为了让完成国际学校课程的学生更容易获得高中入学资格，将采取必要的措施促进学校之间的衔接。"同时，计划通过日本贸易振兴机构"传播国际学校及国际文凭的相关信息"。目前，得益于JETRO网站"Living in Japan"的持续宣传，这一点已经有所落实。

此外，在日本生活，自然需要能够顺畅地接受医疗服务的环境。针对这一点，必须要改善日本当前难以以外语（尤其是英语）沟通的现状。"为高级人才提供良好的医疗条件和环境"的跟进内容中提到，要推动医疗机构的多语言化，并通过国家战略特区制度改善外国医生的接纳环境等。具体体现为，在2025年之前将支持多语言服务的医院数量增加到1000家，并通过建立一个全国性平台，提供多语言（英语、中文、韩语）的医疗信息。

既然要强调改善生活环境，那么除了医疗服务之外，居住问题也是外国人会面临的一个不可不提的难题。在这方面，改善措施包括"通过 JETRO 引荐与外国人有着丰富交易经验的房地产公司，确保住房供应"。截至 2023 年 12 月，相关成果显示，"能够满足外国及外资企业需求的不动产公司已有 64 家"。

上述内容可以从首次特别工作组会议的资料中得到证实。此外，2023 年 12 月，日本还公布了涉及国内整体促进投资的跨部门资料[51]。该资料对相关领域及主管部门进行了整理，可以更详细地了解"关于国内投资，日本正在全国范围内开展的措施"，有兴趣的读者可以仔细阅读。

旅游收支、对内直接投资与磁悬浮中央新干线的关系

在本书撰写时，政府正"利用日元贬值"全力推动对内直接投资。在笔者看来，这一政策方向是值得支持的。如前所述，在前著中，笔者着重讨论了旅游立国及其带来的旅游收支顺差，而本书则聚焦对内直接投资的扩大及其影响。"利用日元贬值的手段"，换言之，"获取外汇的手段"，无论是旅游还是投资，都是不可或缺的政策。无论时代如何变化，无论东西方哪个国家，凡是难以获取外汇的国家，几乎都难逃逐渐贫困化的命运。虽然本书将讨论的重点放在了对内直接投资上，但笔者认为，不应该因为过度旅游问题或劳

动力不足的问题就放弃旅游收支。两者都必须尽全力争取，没有只选择其一的余地。这一点已在此前明确阐述。

此外，同时推动旅游收支和对内直接投资增长，政府的支持固然重要，但充分利用民间的力量也至关重要。尽管笔者没有好的想法，但如果谈及宏观设想，磁悬浮中央新干线或许是能够同时对旅游收支和对内直接投资产生影响的重大举措[52]。

理论上，经济增长由三个要素决定：①劳动力、②资本和③技术革新。结合日本的现状，①劳动力的大幅减少已是既定趋势，因此如何通过③技术革新实现经济的反弹至关重要。而②资本的积累主要依赖国内投资的增加，特别是日本企业及外资企业的投资活动。从这个意义上来说，岸田政府强调国内投资（包括对内直接投资）重要性的方针是合理的。

与此同时，③技术革新通常被认为是短期内较难改变的变量。然而，像磁悬浮中央新干线等创新工具可能能够推动其产生变化。例如，如果可以实现"在相同时间内运送更多入境游客"，那么旅游收支顺差及入境消费显然会随之增加。此外，如果能将磁悬浮中央新干线与其周边高速公路网络结合起来，那么首都圈内大量的优质劳动力或许能够更方便地通往地方的研发与制造基地[53]。正如 JETRO 调查的结果，外资企业在日本对内直接投资方面的主要顾虑之一是劳动力不足，因此如果出现能够高效运送现有劳动力的交通工具，无疑会成为日本吸引投资的有力卖点。

尽管笔者对技术和政治细节不甚了解，不宜深入探讨，但从"利用日元贬值"的角度来看，磁悬浮中央新干线或许可以因作为旅游收支及对内直接投资的催化剂而起到积极作用，因此非常值得关注。

再无保留的余地

当然，磁悬浮中央新干线只是一个例子。它作为一个众人皆知却尚未实现的好主意，具有一定的代表性。从"在相同时间内运送更多入境游客"出发，如果能在大型巴士中应用以高速公路为主的自动驾驶技术，或许也能带来类似效果（这一设想纯属作为外行的畅想，请谅解笔者不做可行性分析）。此外，社会上或许还有许多尚未被发现的好主意，笔者的后续作品将继续探讨未来的新发展。

虽然本书并未深入讨论，但无论是吸引外资企业还是国内企业，电力问题都是一个关键议题。以德国为例，在本书撰写时，德国的能源政策失误导致对内直接投资开始减少，堪称反面教材（参考"专栏⑥ 日德 GDP 逆转的本质：因为是汇率因素所以可以接受吗"）。在能源政策上，日本绝不能重蹈德国的覆辙，看不清理想与现实之间的差距。假设未来生成式 AI 能进一步普及，那么电力需求必然会持续增长。

第 5 章　日本能做些什么：如何利用日元贬值

当前，美国的大型 IT 企业纷纷扩建数据中心，现实已经在朝着这一方向发展。那么，资源匮乏的日本何时、通过何种手段才能提供稳定且廉价的电力？这一蓝图亟待尽快描绘。此外，劳动力短缺问题和电力问题一样，是企业活动的生命线。在日本未来的发展中，应如何看待移民政策的可行性？这一讨论也将留待他处深入探讨。

无论如何，当我们思考日本经济的现状与未来时，可以确信的一点是，"我们已无任何保留的余地"。货币价值是一切经济活动的基石，其动摇意味着国家动摇。虽然本书撰写时日元尚未彻底走到无可挽回的地步，但正因为仍有时间扭转局势，我们才更需要讨论能够改善现状的方案。希望通过调查与分析活动，能为现在的孩子们带来一个更光明的日本经济的未来。

专栏⑥　日德 GDP 逆转的本质：因为是汇率因素所以可以接受吗

因为是汇率因素，排在第 4 位就没问题吗

2024 年 2 月，关于日本 2023 年以美元计价的名义 GDP 的绝对值规模跌至全球第 4 位，次于德国的消息被广泛报道。自 2010 年被中国超越以来，日本长期保持着"全球第三大经济体"的地位，而如今的 13 年后再度下降一位。深入探讨比较日德经济结构并分析为何会被超越并非本书的重

点，也无足够篇幅展开。关于日德经济的比较，笔者已在主要分析德国政治和经济的拙著《后默克尔时代的"最强者"之后》中详细探讨，感兴趣的读者可参阅。然而，针对日德GDP逆转的现象，也出现了如"这只是暂时性的汇率因素，因此没必要大惊小怪"这样冷静的论调，以及"以平时很少见的以美元计价的名义GDP进行比较是否有意义"等根本性质疑。在笔者看来，相较于被中国超越，日本社会似乎更难以坦然接受位列第四的事实。"汇率因素导致暂时被超越"的论调，由于直观易懂，似乎获得了相当多的支持。如图5-12所示，以美元计价的名义GDP基本上由美元对日元汇率决定，因此"因汇率因素被超越"这一认知并不算错。然而，将"因汇率因素被超越"解读为"问题不大"，这样的理解真的正确吗？以下，笔者想就将责任归咎于汇率波动并试图以此获得安慰的观点，表达自己的见解。

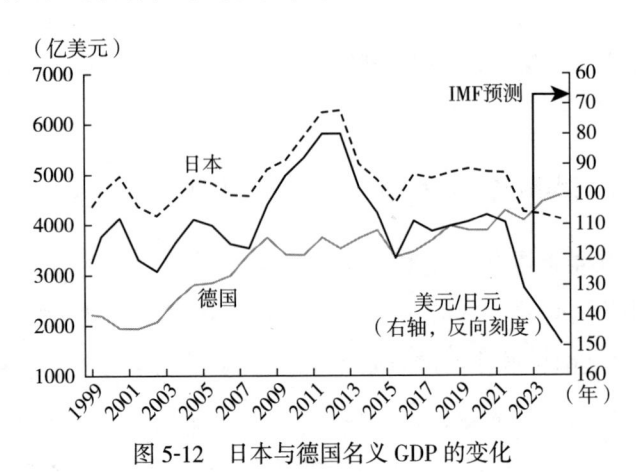

图5-12 日本与德国名义GDP的变化

资料来源：IMF，*WEO*，2024年4月。

第5章 日本能做些什么：如何利用日元贬值

无法保证日元升值

从结论来看，笔者认为"因汇率因素被超越所以问题不大"的论调是在逃避现实。首先，这种论调似乎将"日元终将升值"视为显而易见的前提，但这种预期真的有可能实现吗？通过本书及前著的论述，笔者已将这一话题阐述殆尽。对于2022年开始的日元贬值，完全不怀疑其中是否存在日本自身的原因，显然说不过去。如"前言"所述，如今日本的结构性问题被广泛关注，甚至出现了财政部门直辖的，专门分析国际收支结构的专家会议。将日元贬值简单归因于"日美利差"或"美元升值的对照"等因素显然过于狭隘。必须正视日元在外汇市场中被回避的事实，查明原因并寻找对策。

自2022年以来，不仅日元对美元汇率持续下跌，名义有效汇率和实际有效汇率也经历了单边下滑。有效汇率的下跌意味着日元在与主要贸易伙伴国的整体交易中被广泛抛售。如果这种现象是因为日本经济疲软，导致日本被德国超越，那么对此绝不能掉以轻心。

如果当前的汇率水平成为日元的新常态，那么日本名义GDP低于德国也将成为新常态。值得一提的是，相较于德国自身的经济实力，德国所使用的共同货币欧元的价值显然偏低。因此，如果德国马克仍在使用，日本与德国的经济差距可能会更大（当然，欧元汇率偏低也在某种程度上保障了德国经济的竞争力，这一问题的讨论相当复杂）。

以美元计价的名义 GDP 是否有意义

此外，关于"以平时少见的以美元计价的名义 GDP 进行比较是否有意义"的问题，有人主张"既然生活在日本，那么以美元计价的名义 GDP 的国际比较可以说毫无意义"。对于这种观点，笔者难以认同。至少有两点存在问题：第一，在进行国际经济规模比较时，除以美元计价的名义 GDP 外，几乎没有其他合适的衡量标准；第二，在现实中，日本人民的生活已因日元贬值变得十分艰难。

关于第一点，几乎不存在争议。或许会有人提出替代方案，比如"理论上应以购买力平价为基准的名义 GDP 进行国际比较"，在这种情况下，日本之上仅有美国、中国和印度这些人口远超日本的国家，与排名第 5 位的德国拉开了较大的差距。然而，如第 4 章所述，问题在于日元的购买力平价本身缺乏可信度。如果其原因与日元及日本经济的结构变化相关，那么使用 PPP 为基准的名义 GDP 是否合适也需进一步讨论。在日本，货币贬值使得日本无法再通过出口增长来积累贸易顺差，也无法促进供需平衡。考虑到日本的实际汇率水平明显低于购买力平价计算的汇率（例如本书撰写时的 IMF 汇率大约为 91 日元），将其作为标准是否合理，值得商榷。

需要声明的是，笔者不是在主张以美元计价的名义 GDP 是万能的。但若单纯为了"比较经济规模"，采用金融市场所评估的以名义汇率计算的 GDP 规模，或许是最公平的。当然，"比较经济规模是否有意义"这一争议也无可厚非，但本书无意进行这种哲学式探讨，仅旨在提出"若要比较经济规模，可以采用这种方法"。

原本的增长基础差异

当前的局面是过去长期以来积累的结果。在增长率方面，日本长期落后于德国，这一点不可忽视。如图 5-12 所示，20 世纪 90 年代后期以来，日本以美元计价的名义 GDP 明显扩大的时期仅限于 2008 年至 2012 年的这 5 年。这一时期正好与雷曼危机后日元过度升值的局面完全吻合。换句话说，如果没有汇率波动，日本的 GDP 总量基本上会保持平稳。然而，德国的经济规模则稳步上升，呈现出持续增长的态势。2023 年，日德两国 GDP 出现逆转，不过是历史性的日元贬值与德国长期积累的"经济底蕴"共同作用的结果而已。

如图 5-13 所示，自 1990 年以来，即使在欧债危机（2009～2012 年）期间，日本的实际 GDP 增长率也依然落后于德国。因此，即便没有大幅的日元贬值，两国之间差距逐渐缩小的趋势也是不可避免的。需要声明的是，笔者并非在赞扬德国经济。实际上，作为欧洲经济与金融状况的研究者，笔者对德国经济的现状和未来持悲观态度。然而，从过往的增长表现来看，除汇率因素外，确实存在其他缩小日德 GDP 差距的因素。

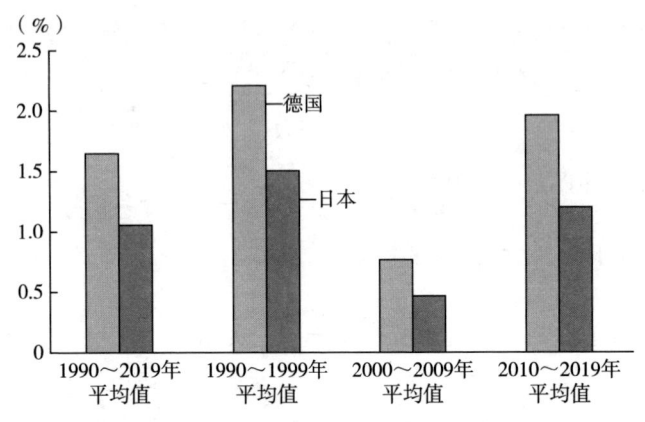

图 5-13　日德实际 GDP 增长率比较

资料来源：IMF，*WEO*，2024 年 4 月。

人口差距将逐渐缩小

关于日德两国的增长率差异，有多种观点。本书无意深入探讨这一宏大的主题（感兴趣的读者可参阅笔者此前提到的著作《后默克尔时代的"最强者"之后》）。但作为一个简单的论点，可以了解一下人口动态的相关讨论。在 2024 年 2 月 15 日的《每日新闻》[54]中，笔者曾表示，"被中国超越是'时间问题'，但被人口仅为日本七成的德国反超则并非必然"。相比于汇率问题，接下来要阐述的问题才是核心所在。

正如前文所述，经济增长的动力取决于：①劳动力、②资本和③技术革新。在③较难被迅速改变的情况下，①和②往往决定了增长率差异。经济增长情况被人口数量远超本国的国家超越，通常是"时间问题"。例如，中国人口为

14.1078亿人，美国为3.3712亿人，而日本仅为1.2404亿人。从这一点看，日本的名义GDP规模超越中美本就不现实，因为劳动力资源的差距显而易见。然而，德国的人口仅为8457万人，不足日本的七成[55]。尽管人口差距显著，但日本在经济规模上仍被德国超越，令人震惊。

根据上述的三个因素进行分析，近年来，日本的①劳动力短缺被认为是经济停滞的主要原因。然而，即便如此，在劳动力方面仍有显著优势的日本却被德国超越，说明在②资本和③技术革新方面可能出现了显著退步。此外，日本和德国的人口差距自2009年左右开始缩小，两国的人口正逐渐接近（见图5-14）。除非发生大幅的日元升值，否则2023年日本被德国超越的局面很可能会持续下去。随着德国在人口方面的追赶趋势势头不减，日德差距甚至可能进一步扩大。

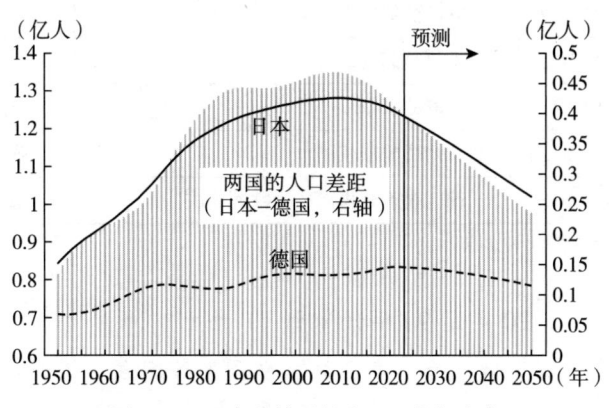

图5-14 日本和德国的人口现状与未来

资料来源：联合国，macrobond。

从"欧洲病夫"到"重回病夫"的变迁

正如前文所述,笔者并无意夸赞德国经济。事实上,截至本书撰写时,德国经济已被调侃为"重回病夫",其衰退趋势令人担忧。需要说明的是,"欧洲病夫"一词在回顾欧盟经济历史时具有重要的标志性意义。过去,这一称号不仅曾被用来形容德国,还曾被用在形容意大利及欧盟整体上(见表5-3)。

表5-3 欧洲及德国形象的变迁

日期	标题	对象
1999/6/3	欧洲病夫	德国
2003/12/18	步履蹒跚的欧洲病夫	德国
2004/11/17	康复中的欧洲病夫	德国
2005/5/19	欧洲真正的病夫	意大利
2007/4/12	欧洲的新病夫	欧盟
2007/7/25	不再是病夫	德国
2010/3/11	欧洲的引擎	德国
2013/6/13	不情愿的霸权国	德国
2023/8/17	德国是否会再次成为欧洲病夫?	德国

资料来源:《经济学人》。

例如,20世纪90年代末到21世纪初,由于东西德统一带来了高财政赤字、高通胀和高利率等问题,德国被称为"欧洲病夫"。2003年,这一称号被进一步发展为"步履蹒跚的欧洲病夫",到了2004年则逐渐转为"康复中的欧洲病夫"，并在 2007 年明确转变为"不再是病夫"。到 2010 年，德国甚至被称为"欧洲的引擎"，获得了高度赞誉。

特别是在默克尔政府的领导下，德国通过从俄罗斯采购廉价资源并推动亲中外交来促进出口，经历了一段经济形势非常良好的时期，甚至在欧盟内部出现了对德国"过于成功"的批评声音。虽然在默克尔领导期间遭遇欧债危机，但德国的实际经济表现依然亮眼。默克尔执政的 16 年，尽管其内政和外交政策存在争议，但在经济层面可谓德国的黄金时代。然而，德国作为欧盟一员的地位十分微妙，一方面，它比其他国家强大，所以无法完全融入欧盟，另一方面，它又不足以对其他成员国施加绝对主导权。这一微妙地位在欧债危机期间尤为突出，"不情愿的霸权国""半霸权国"等称谓层出不穷。

日本已被"重回病夫"的德国超越

然而，2024 年，欧盟的局面正在发生变化，德国在欧盟"一家独大"的景象逐渐消失，其"欧洲病夫"称号的再现令人担忧。地缘政治风险上升后，德国已无法从俄罗斯获取资源，与中国的经济往来也逐渐受到限制。如果在 2024 年的美国总统选举中特朗普再次当选，可能会让德国担心与美国关系疏远，转而再次接近中国，但这种关系恐难以回到默克尔时代的水平。此外，2023 年 4 月 15 日，德国关闭了最后三座核电站并切断了电网连接，这一行动兑现了默克尔在 2011 年福岛第一核电站事故后提出的"弃核政策"。然而，这也迫使德国经济更加依赖高成本且不稳定的可再生能源等替代能源。

以本书写作时德国的困境为例，德国现在面临的情况是：必须在负担高昂的能源成本的同时开拓新市场，向中国以外的客户销售产品。虽然在默克尔任期内有很多声音建议减少对俄罗斯和中国的依赖，但默克尔始终没有采纳。至于弃核问题，也有声音批评这是政治僵化的表现，不是右翼与左翼的分歧，而是理智的丧失。无论如何，德国"重回病夫"的局面被认为是自作自受、自我毁灭，鲜少有人表示同情。

尽管本书并不会详细分析德国经济，但笔者想举一个具有象征性的例子。由于在德国国内开展经济活动的成本增加，自2021年下半年以来，德国的对内直接投资大幅下降，甚至开始出现持续的资本外流（见图5-15）。与此同时，德国企业的对外直接投资依然持续。只要这种结构持续下去，德国的企业将不断面临资本流出的局面，国内产业空心化的风险也会增加。这一现象与日本在2010年前后所经历的情况非常相似，德国能否避免重蹈日本的覆辙，值得关注（笔者认为，鉴于德国的特殊环境，它不太可能走上与日本完全相同的道路，但其风险仍然存在）。

2023年，日本被已经陷入如此困境的德国超越了。回到原来的话题，这样一来我们还能因"仅仅是汇率因素导致的逆转，所以问题不大"而感到安慰吗？

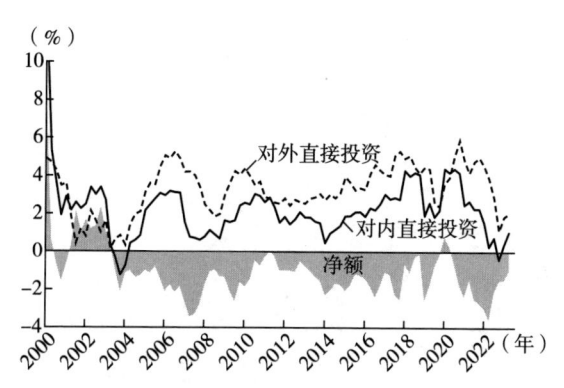

图 5-15　德国的对内/对外直接投资占名义 GDP 比重（四季度平均值）
资料来源：macrobond。

"世界第三大经济体"的位置不再固定

当然，一些人可能会认为，正因为德国处于如此的困境，所以日德 GDP 逆转只是"由汇率因素导致的暂时问题"，并期待这种逆转会很快回到原位。的确存在这种可能性。但是，可以明确的是，在 2012 年，日本的名义 GDP 比德国高出 70% 以上，而现在两国的 GDP 差距已经更多地受制于汇率波动，随时可能发生逆转。至少就以美元计价的名义 GDP 而言，日本曾经稳居"世界第三大经济体"的位置，现如今这一位置已经不再属于日本。其背后最重要的因素是日元汇率的显著贬值。但关键在于，我们不能仅仅把这一问题归结为"汇率问题"，而应该从"如果日元贬值成为常态，那么世界第四位也将成为常态"的角度来审视，真正思考日元贬值背后的深层原因。

在探讨这个问题的答案时，希望本书中关于供需结构变化的讨论能够提供一定的参考。

结　语

十年如一梦

　　笔者每年会参加超过 100 场讲座和研讨会，听众涵盖了企业管理人员、机构投资者、官员、政治家等各个领域，能够通过这样的机会获取多种不同的见解，自己也感到非常幸运。与来自不同经济主体的人进行交流是很宝贵的机会，尤其是在许多经济学家和学者在社会中没有太多发声机会的情况下，这种经历尤其难得。在听完笔者的讲座和研讨会后，听众们的反馈通常都是"听了之后心情很沉重""我确信日元贬值会继续了"等，基本都是悲观的声音。笔者猜测，读者在读完我的书或专栏后，可能也会产生类似的感受。笔者并非故意选择悲观的论调，而是因为追求事实的真相，最终得出了这样的结论，所以希望大家能理解。

此外，很多听众在感叹"心情沉重"的同时，常常会问"为什么日本会沦落到这样的地步？"答案当然不是唯一的。但是，笔者认为，自2013年4月安倍经济学盛行以来，通货膨胀政策的预期效果在2022年以后的日元汇率和日本经济上得到了显现。无论原因是什么，日元贬值引发的输入性通胀压力正在逐步改变日本社会的工资和物价环境（至少在2022年到2024年间是如此）。从这个角度看，安倍经济学或许实现了最初的目标。回想一下，自2013年4月安倍经济学启动以来，在超宽松货币政策的推动下，日元贬值和股市上涨一度成为热门话题，社会也热烈支持这一现象。当时，笔者曾多次发布过分析，指出"日元贬值不是万能的药方，它将导致海外收入流失，实际工资下降"。然而，当笔者发布这些观点时，收到了指责笔者"泼冷水"的邮件和电话。那时，安倍经济学的超宽松政策几乎得到了全社会的热烈支持。时至今日，"讨厌的日元贬值"成了年度流行语的候选词，恍若隔世。2013年之后的这十年，社会对汇率的看法发生了如此巨大的变化，从这一角度看，恰好可以称之为"十年一梦"。

开始被重视的观点

通过前著和本书的分析，笔者主要讨论了国际收支结构的变化及其对日元，进而对日本经济脆弱性的影响。在 2022 年 9 月前著出版时，很多人认为日元贬值的原因主要是"日美利差扩大"，以国际收支结构变化为切入点的观点明显是少数派。然而，正如笔者在前言中所提到的，2024 年 3 月，财务省在神田财务官的领导下成立了讨论国际收支结构变化的专家会议。2022 年，仍有很多学者对于日元贬值受结构性因素影响的观点持怀疑态度，但到了 2024 年，这一观点被认为是有分析价值的论点而受重视。在专家会议的首次会议上，笔者作为主讲人之一的事实，也许正是时代观点发生变化的证明。此外，笔者在前著中提到的"家庭部门抛售日元"的巨大贬值风险，也在 2024 年 1 月新 NISA 启动后成了受关注的议题。在 2022 年时，这只是尾部风险之一，但现在显然被视为现实性风险。虽然目前这一现象可能仍被看作是"国际分散投资的萌芽"，但三年或五年后，我们还能继续如此看待这一问题吗？对此，笔者感到不安。

除了上述两点，自前著出版以来，笔者的许多其他观点也得到了重视。例如，考虑到美联储"下一步行动"的影响（简而言之，即日美利差的变化），如今我们已经难以通过"日美利差"的动向来预测日元汇率的下一步走势。笔者想要重申的是，并非"日美利差没有意义"，而是日美利差的重要性相比过去下降了。在预测美元/日元汇率的"方向"时，日美利差依然是一个重要因素。

但若要评估美元/日元汇率的"水平"，就需要更加细致地分析东京外汇市场供求环境的变化。2022年初，美元/日元汇率接近115日元，而2024年4月，此汇率已接近160日元。如果将所有的汇率波动仅仅归因于利差变化，那就将问题过于简单化了。事实上，日美利差历来就存在差距。尽管这不是一个新的观点，但无视所有正在发生的变化，仅将美元/日元汇率和日美利差绘制在同一张图中，并试图以此解释一切，是一种不够严谨的分析方法。

确定病症并考虑对策的现阶段

通过前著和本书的分析，我们已经认知到日元贬值在一定程度上是一种具有持续性特征的市场现象，那么接下来的讨论应该集中在"日本该如何应对"上，也就是对策。

从本书写作时的社会现状来看，随着对日元贬值背后可能存在结构性变化的认识逐渐加深，社会寻找解决方案的紧迫感也远比2022年更强烈。如果承认日元贬值背后存在结构性问题，并对此感到焦虑，那么接下来就进入了考虑解决方案的阶段。正如之前反复强调的，在前著出版时，社会上仍然普遍认为日元贬值是"日美利差扩大的结果"。而在本书的讨论中，笔者试图提出"不仅仅是这样"的观点。实际上，长期的日元贬值以及由此带来的各种成本，使得日本社会开始将日元贬值视为"新的常态"。就像生病或受伤时，如果不能准确定位病症，就无法开出合适的药方一样，只要我们开始关注日元贬值背后的供需结构（病症），接下来就可以讨论各种解决的对策（药方）。

如第 5 章所讨论的那样，未来日本将能够利用此前没有的"日元贬值优势"。在利用这一"优势"的同时，提升外汇收入能力的政策运营将在各个方面变得越来越重要。在与政府官员交流时，笔者感到他们越来越重视这一问题，且这种意识正逐渐在日常工作中得到加强，这让笔者备受鼓舞。至于未来的政策方案，由于笔者知识有限，因此在本书中未轻率提出具体的建议。然而，如第 5 章所提到的那样，未来的方向应当是围绕"物价优势"这一核心，同时积极宣传日本在教育水平、治安、经济规模、安全保障等方面的优势，以此来吸引海外资本。鉴于本书主要聚焦于国际收支分析，因此仅针对旅游收支和对内直接投资等议题提供了粗略的政策建议，其中涉及的诸多相关问题仍需深入探讨。例如，正如本书中略有提及的，电力供应不稳定的国家很难吸引投资者和企业。未来日本如何看待能源结构将是一个重要的议题，也是本书未能深入讨论的一个重要问题。同样，移民作为劳动力来源，也必然需要在某个阶段进行讨论。

2024 年 3 月，财务省成立了"国际收支相关座谈会"，其副标题为"从国际收支看日本经济的问题和对策"。作为委员之一，笔者希望能在这方面做出微薄的贡献。如果未来有机会再出版图书，我也想尝试在其中加入更多关于对策的讨论。

结语

在此之前，笔者已在许多媒体平台上进行过连载和投稿（本书正是这些文章的集大成者）。通过前著和本书的分析，如果您对我的观点有共鸣，我相信这些日常信息分享也能为您提供一些帮助。目前，我在多个平台上进行连载，因此在此无法一一列举。自 2024 年开始，我在媒体平台"note"上设立了会员制的"唐镰 Labo"，并以每月五篇文章的形式，发布我认为最重要的主题。在会员论坛上，读者们对我的分析提出了许多富有启发性的意见，这也让我个人受益匪浅。尽管我自认为是在分析实体经济，但实际上也有不少经济学家和学者可能会偏离实体经济的实际情况，因此我希望能尽量继续分析实体经济。如果您感兴趣，欢迎随时关注。

我还有两个正在上小学的女儿，我不希望看到年轻一代的经济活动因日元贬值和物价上涨而受到限制。因此，在未来的研究和分析中，我将继续关注日本经济是否还有翻盘的可能，并深入思考相关问题。虽然我自己的智慧有限，但我会努力为日本经济的改善提供建设性的意见。在看到"美元/日元汇率创下 34 年来新高"的新闻时，我决定暂时停笔。

唐镰大辅
2024 年 6 月

注释

1. 美元/日元汇率水平及变化率参考彭博社通过EBS公司系统提供的数据。

2. 例如在《日本经济新闻》电子版中搜索"数字赤字",最先出现的是2023年2月8日的文章"日本数字赤字4.7万亿日元,2022年海外IT支出增加"。截止到2024年6月14日,已出现32篇相关报道。

3. 《日本经济新闻》,"樱花互联网加入政府云,首次国产化",2023年11月28日。

4. 根据对约300名东京大学学生的部分调查,"希望进入民间企业的学生中,约17%的学生希望进入IT与通信行业,紧随其后的是咨询与智库行业,约占16%。"此调查结果摘自NewsPicks的报道"东大生为什么选择咨询行业?"2020年11月19日。

5. 日本银行《国际收支相关统计项目的计入方法》,2022年3月。另外,权利"买卖"相关的交易计入研发服务,而权利"使用许可"相关的服务交易则计入知识产权等使用费。

6. 经济产业省"第六次半导体与数字产业战略研讨会",2022年7月20日。

7. 日本银行,《从国际收支统计角度看服务贸易的全球化》,2023年8月10日。

注释

8. 例如，Prime 服务的免费配送服务是该公司在日本国内提供的服务，因此不属于国际收支统计的范畴。但是，该公司日本法人所产生的利润也会通过直接投资收入的支出流出海外，造成日元贬值。

9. 《日本经济新闻》，"亚马逊 Prime 涨价，考虑到乐天的影响，仍比欧美便宜六成"，2023 年 8 月 10 日。

10. BS 富士 *Prime News* 报道，"数字赤字的冲击！国富每年流失 5 万亿日元，巨型网络公司与日本"，2024 年 3 月 7 日。

11. 《日本经济新闻》，"数字佃农，向美国奉献 5 万亿日元的收入，日本要赚钱就必须从'破坏'开始"，2024 年 1 月 15 日。

12. 例如，《日本经济新闻》于 2023 年 6 月 30 日报道"金融厅将加强外币保险销售监管"。文章提到，金融厅对一些金融机构销售外币保险时存在的问题表示关注。比如"一些大银行和地方银行在销售外币保险时，销售业绩与业务人员的考核和人事升迁直接挂钩，忽视了客户的需求，没有根据客户的需求提供适当的产品建议"。

13. 《经济学人》，"不仅是财政失败：老龄化经济的创新能力也在减弱"，2023 年 5 月 30 日。

14. 《日本经济新闻》，"美国英伟达将在日本设立研究基地，培养 AI 人才"，2023 年 12 月 5 日。

15. 公式如下："税额 = 制度适用所得 × 优惠税率"（制度适用所得 = 由知识产权产生的所有所得 × 为知识产权开发而进行的合理支出 + 用于知识产权开发的总支出）。此公式是 OECD 为创新盒税制（Nexus 方法）提出的框架，各国应在这一框架内实施创新盒税制。比如说，荷兰的税率从

247

25.8% 降至 9%，英国从 25% 降至 10%，印度从 25.17% 降至 10%。

16. 参照经济产业省"关于促进日本民间企业创新投资的研究会"的资料。

17. 日本政府在 2019 年 10 月 3 日举行的未来投资会议（第 31 次）上，展示了"GAFA（谷歌、苹果、Facebook、亚马逊）与日本大企业的研发支出"和"GAFA 与日本大企业的销售收入研发支出比例"等图表，指出了日本企业的落后情况。

18. 参见注释 5。

19. 财务省财务综合政策研究所"日本经济与资金循环结构变化研究会"，2023 年 11 月 21 日。

20. 财务省《第 1 次国际收支视角下的日本经济问题与解决策略　委员说明材料②》，2024 年 3 月 26 日。

21. 出口与进口企业因各种原因或依据自有的市场判断，有时会故意提前或延迟支付结算。因此，贸易收支数据不一定与同期的外汇供需直接相关。

22. 财务省《第 1 次国际收支视角下的日本经济问题与解决策略　事务局发放资料》，2024 年 3 月 26 日。

23. 例如，2023 年 11 月 13 日《日本经济新闻》"日元疲软，1 美元对 150 日元的原因不仅仅是利差"，探讨了利差以外的日元贬值原因。同年 9 月 3 日报道"基于供需关系的日元升值去哪了？贸易赤字减少，日元却没有回升"，指出可能是由于供求关系的变化导致了日元贬值。

24. 国际货币基金组织，《世界经济展望报告》，2023 年 4 月。

25. 这里的"汇回"指的是"repatriation"，本来的意思是"本国回流"，在金融领域通常用来指海外资金回流至本国。公司或投资者将资金从海外撤回本国。汇回减税通过降低回流资金的企业税率，来实现资金回流的增加。

26. 内阁府《平成 23 年度年次经济财政报告》（2011 年 7 月）中，第 2 节"物价走势与金融资本市场"指出，东日本大地震后日元升值可能是"由于 1995 年阪神淡路大地震后日元也曾升值，因此市场预期此次地震后也会出现日元升值，许多人特别是海外投资者开始买入日元"。

27. 彭博社，"日元可能出现短期升值，受能登地震影响"，2024 年 1 月 1 日。

28. 同篇报道提及了 SBI 证券、乐天证券、monex 证券、松井证券和 au Kabukom 证券五家公司。

29. 自 2023 年起，多家网络银行在将定期存款期限划分为 1 个月和 6 个月的基础上，提供超过普通外币定期存款利率的高利率产品。例如，"如果申请 6 个月期的日元转美元定期存款，年利率为 9.00%"。不过，即使不是这种特别的产品，在 2023 年至 2024 年网络银行也常常提供年利率约 5% 的美元定期存款（此为 2024 年 6 月的信息，读者应注意）。

30. 《经济学人》："我们的巨无霸指数显示了汉堡价格的变化——在哪些国家巨无霸最便宜，哪些国家最贵。"2024 年 1 月 25 日。

31. 外汇政策报告基本上每年发布两次，分别在 4 月和 10 月，但也可能因政治情况不定期发布。美国财政部网站发布了相关的外汇政策报告。

32. 通过使用彭博社的股市指数（WEIS）显示全球股票指数，

列出了该期间上涨率前 10 名。作者在列举这些股票指数时没有任何主观偏向。

33. 如果按照"名义 GDP 增长率 – 通货膨胀率 = 实际 GDP 增长率"来计算，如果通货膨胀率为负值（即通货紧缩），则实际 GDP 可能会大于名义 GDP。例如，名义 GDP 增长率为 3%，通货膨胀率为 –2%，实际 GDP 增长率将达到 5%。

34. 例如，《日本经济新闻》"600 万亿日元经济即将到来，日本如何通过名义经济增长寻找到出路"，2023 年 7 月 30 日。

35. 《日本经济新闻》"名义 GDP 达到 1000 万亿日元，岸田文雄：目标可望在 21 世纪上半期实现"2024 年 3 月 18 日。

36. 例如，北海道知名的滑雪胜地——虻田郡已经开始实施新的法规，限制大型住宿设施的建设，并计划从 2024 年 11 月起征收最高 2000 日元的住宿税。

37. 《日本经济新闻》2024 年 1 月 19 日报道，"亚马逊将在日本投资 2 万亿日元，AI 普及加速，数据量激增"，同年 4 月 9 日报道，"微软将在日本建立 AI 数据中心，投资 4400 亿日元"，4 月 18 日又报道，"甲骨文将在未来 10 年增加 1.2 万亿日元对日投资，扩建数据中心"。

38. 数据源自 2022 年春季发布的公司招聘广告，更多细节可参见以下报道。《日本经济新闻》，"加薪压力'黑船'TSMC 因通货膨胀推进企业淘汰"，2023 年 11 月 30 日。

39. 《读卖新闻》，"Costco 时薪为 1500 日元，宜家为 1300 日元……外资大型商店全国统一高待遇，引发热议"，2023 年 11 月 7 日。

40. 《日本经济新闻》"北海道虻田郡的时薪'超预期上升'，清洁服务时薪达 2200 日元",2023 年 12 月 4 日。

41. JETRO,《2022 年度外资企业经营现状问卷调查结果概述》,2023 年 3 月 22 日。

42.《日本经济新闻》2023 年 5 月 18 日报道"半导体巨头对日本投资超过 2 万亿日元",有望成为 2024 年全球最大投资者。

43. 在国际收支相关统计中,直接投资的数据是基于资产负债原则或亲子关系原则编制的。图 5-3 中的对内直接投资余额是基于"本国对外资产负债余额"统计编制的,采用的是资产负债原则。表 5-1 是基于"按行业和地区划分的直接投资余额"统计编制的,采用的是亲子关系原则。由于编制方法不同,两种统计的对内直接投资余额不一致。

44.《日本经济新闻》,"海外投资者的不动产投资降温,五年来最低,关注利率上升",2024 年 2 月 5 日。

45. 彭博社,"GIC 计划出售汐留城市中心大楼,可能超过 3000 亿日元",2023 年 9 月 5 日。GIC 有专门的日本网站,可以在该网站上查看其投资业绩,十分方便。

46. 新加坡政府投资公司(GIC),"长期的日本投资",2023 年 8 月 29 日。

47. 见注释 2。

48. 见注释 3。

49. 内阁府,"关于'吸引海外人才与资金的行动计划'中的重点措施跟进",2024 年 1 月 31 日。

50. 本书中的重点跟进领域参考了内阁府"关于'吸引海外人才与资金的行动计划'中的重点跟进措施"中的资料 3。2024 年 1 月 31 日。

51. 经济产业省、内阁府、总务省、财务省、文部科学省、厚生劳动省、农林水产省、国土交通省、环境省、金融厅、公正交易委员会的"国内投资促进计划（措施）"，2023年12月21日。
52. JR东海正在推进的中央新干线（磁悬浮列车）原计划于2027年实现品川至名古屋路段的运营，然而该公司于2024年3月29日宣布，放弃2027年开通的计划，并推迟至2034年后。
53. 这一思路在以下资料中有详细说明。负责中央新干线中间4个车站地区振兴的讨论委员会发表的《以磁悬浮中央新干线中间车站为支点形成"新广域核心地方区域"》，2023年7月21日。
54. 《每日新闻》，"'继中国之后，德国也……'GDP排名跌至第4，日元贬值并非唯一原因"，2024年2月15日。
55. 人口数据使用的是国际货币基金组织《世界经济展望报告》2024年4月修订版中的假设数字。

社会经济观察

分类	书号	书名	作者	定价
大前研一作品	978-7-111-76218-8	银发经济学：老龄时代的商业机会	[日]大前研一	59.00
	978-7-111-60125-8	低欲望社会：人口老龄化的经济危机与破解之道	[日]大前研一	49.00
日本经济史	978-7-111-76228-7	日本央行的光与影：央行与失去的三十年	[日]河浪武史	59.00
	978-7-111-74125-1	汇率下跌之后：日元贬值的宏观经济启示	[日]唐镰大辅	59.00
	978-7-111-69815-9	失去的三十年：平成日本经济史	[日]野口悠纪雄	59.00
	978-7-111-69582-0	失去的二十年（十周年珍藏版）	[日]池田信夫	69.00
	978-7-111-71222-0	失去的制造业：日本制造业的败北（珍藏版）	[日]汤之上隆	69.00

马特·里德利系列丛书

创新的起源：一部科学技术进步史
ISBN：978-7-111-68436-7

揭开科技创新的重重面纱，开拓自主创新时代的科技史读本

基因组：生命之书 23 章
ISBN：978-7-111-67420-7

基因组解锁生命科学的全新世界，一篇关于人类与生命的故事，华大 CEO 尹烨翻译，钟南山院士等 8 名院士推荐

先天后天：基因、经验及什么使我们成为人（珍藏版）
ISBN：978-7-111-68370-9

人类天赋因何而生，后天教育能改变人生与人性，解读基因、环境与人类行为的故事

美德的起源：人类本能与协作的进化（珍藏版）
ISBN：978-7-111-67996-0

自私的基因如何演化出利他的社会性，一部从动物性到社会性的复杂演化史，道金斯认可的《自私的基因》续作

理性乐观派：一部人类经济进步史（典藏版）
ISBN：978-7-111-69446-5

全球思想家正在阅读，为什么一切都会变好？

自下而上（珍藏版）
ISBN：978-7-111-69595-0

自然界没有顶层设计，一切源于野蛮生长，道德、政府、科技、经济也在遵循同样的演讲逻辑